はじめに

A 休みができるとハワイへと向かう。そんなふうに夫婦で休みを過ごすようになったのは、仕事で出かけたハワイでコーディネーターをしてくれた、内野亮（マコト）さんに出会ってから。仕事をしたのはたったの一度だけれど、友人として10年もの間、適当に遊びに行く私や夫、友人たちにハワイの愉しさを教えてくれました。朝からバリバリと仕事をするのは、大好きなサーフィンの時間を少しでも多く取りたいがため。仕事もちゃんとするけれど、好きなことをがまんしたりはしない。呑気で気持ちのいい彼の生き方に感動すると同時に、そんなところからもハワイのよさを見出してきたように思います。ここ、おいしいよ！　とか、あそこも行ってみて！　という言葉のまま、さまざまな場所を訪ねてきました。

　ハワイのおいしいもの、好きな場所、のんびりするところ、なごむホテル、好きなもの……。10年前、はじめて一緒に仕事をしたときに、いつかふたりで自分たちの気に入っているものだけを、気持ちのいい写真とともにまとめられたらいいねと話していました。それが、コレ。10年目にしてようやくかたちにすることができました。ハワイの気持ちよさが伝われば幸いです。

M 巷では、ハワイに関するガイドブックや書籍がたくさんあります。そして、実にさまざまな情報を僕たちに提供しています。そのおかげで、ハワイのいろんなことを日本にいながら知ることができるし、ハワイに行きたいなって思わせてくれます。買い物だって、アクティビティだって、スピリチュアルスポットだって、スパだって、食事だって、へたしたら日本の人のほうが、現地の人より詳しいぐらい……。実際、新たなハワイ情報を求めて、この本を手に取ってくださっている方も多いと思います。

　ただ、僕ら的には、もっと純粋なハワイの魅力、気持ちを優しくさせるハワイの魅力を、僕らが選んだハワイのものや場所を通して感じてほしくて、アカザワさんとこの本を作りました。なので、その「自分を優しくさせるハワイ」が皆さんに伝わったら嬉しいです。

Kaori Akazawa
編集者。休みに
ハワイへ出かける
ことだけを目標に
日々生きている。

Makoto Uchino
コーディネーター。
現在ハワイと日本
を行ったり来たり
している自由人。

01　エッグベネディクト　10
02　サーモンベーグル　12
03　スタバのコーヒー牛乳　14
04　スパムむすび　16
05　ワイラナコーヒーハウスの朝ごはん　22
06　KCCファーマーズマーケット　24
07　マリポサのパンとフルーツバター　28
08　クラフトのマカロニ＆チーズ　30
09　オリジナルパンケーキハウスのパンケーキ　32
10　はちみつ　34
11　リリハベーカリーのスイートブレッド　36
12　水着　40
13　マクドナルドの朝ごはん　44
14　プレートランチ　46
15　カタマランヨット　48
16　中華街のフォー　50
17　中身もおいしい、かわいいパッケージ　52
18　ダイヤモンドヘッド　56
19　リリウオカラニ女王　60
20　フラガールのパッケージ　64
21　ジャックインザボックスのジャック　66
22　ハワイアナホテル　70
23　カラパワイマーケット　72
24　米軍のスリフトショップ　74
25　文房具の問屋、フィッシャーハワイ　76
26　フラ　78
27　ビショップミュージアム　82
28　ダイヤモンドヘッドビーチ　86
29　コンテンポラリーミュージアムの庭とカフェ　88
30　スワップミート　90

31　おみやげのチョコレート　92
32　スヌーピー　94
33　ハイアットリージェンシーホテル　96
34　ステーショナリー　100
35　ハワイアンムーンフィッシュ　102
36　モイ　103
37　タウンのサラダ　104
38　オノハワイアンフードのセリのスープ　106
39　ハワイアンソルト　112
40　アンティーク1　114
41　おじさん　116
42　アロハシャツ　120
43　Tシャツ　122
44　ニューオータニカイマナビーチホテル　124
45　カフェハレイワ　126
46　ダウントゥアース　130
47　ホノルル動物園　132
48　ハワイの粉もの　136
49　シャンプー & リンス　138
50　おやついろいろ　140
51　カメ　144
52　ローミーズのシュリンプごはん　146
53　ダイヤモンドヘッドマーケット＆グリル　150
54　アンティーク2　152
55　ノースショアのカフェのジャンバラヤ　154
56　リリコイ　156
57　マカハのアイスクリーム屋さん　160
58　日々のランチ　162

　　Aloha Map　164

＊Ⓐは赤澤かおり、Ⓜは内野亮のコメントを表しています。
＊店や施設のデータは2006年6月に取材したものなので、移転などにより異なる場合があります。
＊休みの記載がない場合は、基本的に定休日はありません。
　感謝祭(11月第4木曜日)やクリスマス(12月25日)など、主な祝祭日は休むところもあります。
＊入館料などは大人料金のみを記載しています。
＊為替レートは$1＝およそ¥120(2007年1月現在)です。

01 | エッグベネディクト

A ハワイに着くとまず食べるもの。それがハイアットリージェンシーホテル内のテラスグリルというレストランのエッグベネディクト（$10.25）。はじめは、たまたま宿泊するホテルで、ちょっとひと息入れようと思って、食べたのがきっかけ。以来、まずはこれから、私のハワイははじまる。

　半分にカットし、表面をカリッと焼いたマフィンにプリッと膨らんだポーチドエッグがひとつずつ、つまり、2個ものってくる。そこにオランディーズソースがほどよくかかっているというもの。きっとエッグベネディクトというもの自体が私の好みなんだろうと思い、いくつかの店を食べ歩いてみたが、悲しいかなどれもピンとくるものではなかった。やっぱりここのが一番。まず、ソースが断然おいしい！　ほどよい酸味といい、まろやかさといい、ほかではない味なのだ。ほかのオランディーズソースは、ちょっと眠たい感じ。それにマフィン。ポーチドエッグをのせて、ソースをかけてもあれだけカリッとしていて、しかも、もっちり感が残るのはなぜなんだろう？

　ちなみにこれはブレックファーストのブッフェではなく、メニューをもらってそこからアラカルトでオーダーするもの。ブッフェメニューにもあるけれど、どうにも少し違う気がしている。気だけかもしれないけど、まずはアラカルトメニューから食べてみてほしい！

Terrace Grill
3F Diamond Head Tower, Hyatt Regency Waikiki Resort & Spa, 2424 Kalakaua Avenue, Honolulu
808-237-6146／Breakfast 6:00-11:30, Lunch 11:30-16:00／Map5 (P.168)

02 | サーモンベーグル

Ⓐ もともとサーモン好き。だけど、はじめてここでサーモンベーグル（$12.25）を食べたときには、ほんとものすごくビックリした。あまりにおいしくて。なんといってもサーモンのほどよい厚みがいい。しかも、スモークサーモンならではのしょっぱさがなく、ふっくらと肉厚で、とろんと甘い。それがもっちりしたベーグルとクリームチーズの上に豪勢にも2枚、ときには3枚ものっている。仕上げにのせただろう紫オニオンは、生で結構な厚さの輪切りなのにも関わらず、あの玉ねぎ独特のくさみがない。むしろ、甘いくらい。それにギュッとレモンを絞ってパクつく幸せったら、もう……。

　ちなみにこれもハイアットリージェンシーにある海が見えるレストランのメニュー。ワイキキのど真ん中にだって、おいしいものはちゃんとあるのだ。

Terrace Grill ＞P.10

03 | スタバのコーヒー牛乳

Ⓐ 何年前からかは忘れてしまったけれど、ビンに入ったスターバックスのコーヒー牛乳（$1.99）が好きで、飲み続けている。種類はいくつかあるが、私が好きなのは"coffee"と記されたもの。ものすごく甘いけれど、後を引くこの味は、銭湯で飲むコーヒー牛乳に似ていると思う。たいてい夕方に買って、部屋の冷蔵庫にストックしておき、朝、起き抜けにぐびりと1本飲み干す。それから歯を磨き、顔を洗って朝食を食べに出かけるのが常。

ちなみにうちのダンナもマコトもこの甘ったるい感じは、あまり好きではないらしい。ダンナはもっぱらブラックコーヒー。マコトはなんとまた違った甘さが愉しめるだろう、缶コーヒーが好み。人の好みとはいろいろだ。

ところで先日、アラモアナショッピングセンターでの買い物ついでにロングスドラッグスに行ったところ、いちご牛乳なるものが新発売されているのを発見。さっそくいつものと1本ずつ買い、試飲する。想像以上に、これまた銭湯の味。もしや日本の銭湯を視察しているのではないかと思うほど、それは銭湯の脱衣所で湯上がりの1杯を飲むシーンとかぶる。なのに、このコーヒー牛乳もいちご牛乳も日本では未発売。不思議だ。

＊コーヒー牛乳のほうのみ、冷蔵庫の温度をものすごく低く設定して入れておくとフラペチーノ風になって、それもまたかなりおいしい。

Longs Drugs
2F Ala Moana Shopping Center,1450 Ala Moana Blvd., Honolulu／808-941-4433
Mon-Fri 8：00-22：00, Sat 8：00-21：00, Sun 8：00-20：00／Map4 (P.167)

04 | スパムむすび

A もともと日本のおむすびからヒントを得たというスパムむすび。長方形に型抜きしたごはんの上に、しょうゆとみりんなどのたれで味つけしたスパムを1枚のせ、海苔をくるんと巻いたものがいわゆるスパムむすび。スパムの分量に比べて、ドカッと結構な固まりになってついてくるごはんの量がすごいなといつも思う。でも、ハワイに滞在している間に、必ず一度どころではない回数、口に入れてしまう代物だ。

　若い頃からハワイで暮らしていたマコトも、ずいぶんとスパムむすびには世話になったという。なんたって安くて、おいしくて、しかも、ほんのわずかながら、日本の風情も味わえるのだ。これは、留学生だった彼にはたまらないアイテムだったに違いない。そんな彼に聞いてみた。どこのが一番好き？　答えはニューオータニカイマナビーチホテル内のスナックショップ「スクープドゥジュール」のスパムむすび！　毎朝手作りされるそれは、大きさも味もナンバーワンにふさわしい感じ。両脇につけられたたくあんは、ほっぺのようになんとも愛らしい。今まで食べていて気づかなかったけれど、実はスパムってきちんと味つけされていたんですね〜。それがお店によって違うから、おもしろい。ややインスタントだけど、ハワイ式おふくろの味って気がしなくもない。さらに、このたびちょっと気がついたことがあった。それは、時間が経過したもののほうがごはんにも海苔にも味が染みておいしいってこと。できたてを！　と思い、ほお張ってみて少しばかりがっかりした。あの味はやっぱりじんわりと染み入ってこそ。

　ちなみにマコトのナンバーワン・スパムむすびは、ほぼ午前中、しかも早めの時間には売切れてしまうらしいので、ぜひ、お早めにどうぞ。

Scoop du Jour
The New Otani Kaimana Beach Hotel, 2863 Kalakaua Avenue, Honolulu／808-923-1555
7：00-15：00／Map5（P.169）

スパムむすびの作り方（Scoop du Jourの場合）

1. スパムを8〜10枚にスライスする。
2. フライパンにスパムを入れ、特製照り焼きソースをひたひたくらいに注ぎ、火にかける。
3. 中火で15分ほど炒め煮にする。
  （ブクブクしてくるが火加減はそのままで、途中スパムをひっくり返し、両面に味を染み込ませる）
4. スパム型に軽く塩をふり、炊きたてのごはんを半分くらいまで詰める。
  梅干しを真ん中に入れ、上から縁ギリギリまでごはんを詰める。上に軽く塩をふる。
5. ラップを敷き、海苔、スパム、型から外したごはんを順に重ねる。
  両脇をたくあんで挟み、ラップで包んででき上がり！

Ⓜ スパムむすびの特徴に関しては、アカザワさんの的を射た説明に期待するとして、僕にとってこのスパムむすびは、主食のひとつ。仕事のときは、ほぼ毎朝食べていて、スパムの塩分で体がおかしくなっちゃうんじゃないかと思うほど、食しています。かれこれ20年以上前に、今はなき「谷口ストア」というお店のスパムむすびに恋をしてから、ずーっとです。どうしてこんなに好きなのか？きっと味が単純で飽きがこないし、お腹がいっぱいになるからなのだと思います。

皆さんもABCストアやセブンイレブンなどで買って食べていると思いますが、お店によってそれぞれ微妙に違う味つけをしているので、いろいろトライしてみてください。そのなかで、きっと自分好みのスパムむすびが見つかるはずです。僕の最近のお気に入りスパムむすびは、ダイヤモンドヘッドマーケット＆グリル（P.150）のものでした。でも、その恋も終わりを告げ、ニューオータニカイマナビーチホテルのものへ心変わりしようとしています。

あっ、そう言えばこの間、密かに思っていたスパムむすびをアカザワさんに否定されました。カムスワップミート（P.90）に売っていた、赤いウインナーが半分に割られてのっているむすびなのですが。永遠の密かな恋だったのに……。

［写真左から］
Scoop du Jour $2 ニューオータニカイマナビーチホテル内にあるスナックショップのスパムむすび。スパムの味つけといい、ごはんの炊き具合といい、バツグンのバランス。たくあんつき。／**Fort Ruger Market** 各$1.75 ポチギソーセージのピリ辛と青海苔の風味、薄焼き卵の優しい味わいが一体化！（ひとつ飛んで左から4番目）ミックスベジタブル入りフライドライスの変わりだねタイプ。スパムの塩気がほどよい。Map5（P.169）／**Adams Enterprise** $0.50（左から3番目）丸くて小さなスパムむすび。まぐろのしぐれ煮のような味わいのスパムがおいしい。Map5（P.168）／**Tesoro**ガソリンスタンド内の**KIOSK** $1.39 なんとこれはフライドチキンがのったもの。なので、正式にはフライドチキンむすび？ Map5（P.169）／**Tanabe Superette** $1.95 きゅうりとたくあんのシャキシャキした食感が楽しい海苔巻きスタイル。マヨネーズに混じったわさびふりかけもなかなかの味わい。Map4（P.167）／**Marukai**内**Tropic Fish & Vegetable Center** $1.40 ごはん、卵、ごはん、ランチョンミートのサンドスタイル。卵の部分にはしょうゆで味つけしたかつおぶしが……。Map4（P.167）／**Seven-Eleven** $1.09 なにやら賞ももらったというほど人気のスパムむすび。スタンダードな味わいです。Map5（P.168）／**Diamond Head Market & Grill** $2.75 スパムとブラウンライスの間に薄焼き卵がサンドされた、ヘルシースタイル。味つけも薄め。＞P.150

Aloha ♪

The ocean of Hawaii is the best!!!

05 ｜ワイラナコーヒーハウスの朝ごはん

Ⓐ　ワイキキの中心地からほんの少し離れたところにあるコーヒーショップ「ワイラナコーヒーハウス」。24時間営業なんだけれど、なぜだか私にはブレックファーストの印象が強い。

　朝8時。バスに乗りアラモアナ方面へ向かう途中、窓の外には、この店で朝ごはんをという人たちが列を成す。その様は、まるで大人気の焼き肉屋のよう。しかも、休日ともなると、それは11時近くまで続くから驚くばかり。なぜ、そんなに人気なのかは、不明だ。でも、そういう自分も何度も足が向いてしまうのは、ハワイらしいのんびりとした空気とそこで働くおばちゃんたちのかわいらしさにあるのかもしれない。

　そういえば、ここに来ると必ず食べるものがある。朝食メニューのひとつで、その名もWailana Club Breakfast〜Hawaiian Style Breakfast（$6.50）。やたら長いこのメニューは、コンビーフハッシュに焼きバナナがのったものと、卵2個分のスクランブルエッグ、それにカリカリのトーストがついたもの。バナナの甘みとコンビーフの塩っ気が絶妙に合う。これに薄いコーヒーをガブガブ飲みながら、昼に近い朝食をとることも多い。

　それにしても、この店の人の笑顔はいい。ハワイの人たちはどうしてこんなに笑顔が優しいんだろう。

Wailana Coffee House
1860 Ala Moana Blvd., Honolulu／808-955-1764／24hours open／Map5（P.168）

06 | KCCファーマーズマーケット

Ⓐ　最初に訪れたのは、確か3年くらい前だったと思う。まだはじまったばかりの頃で、人も地元の人中心で、パッケージもいい意味で粗野でそれがかえってかわいかった。しかし、ハワイの情報は現地の人より日本人のほうが知っているんじゃないかと思うくらい、たった数年で驚くほど日本人を見かけるようになった。まるでカラカウア通りを歩いているかのごとく……。とはいえ、出ているものも、味も変わらない。そこがハワイのよさ。パッケージははっきり言って前のほうがシンプルで好きだったけど（しつこい）。

　説明が後になってしまったけれど、ここはハワイ4島からその名の通り、生産者の方々がそれぞれの品を持ち寄って開かれるマーケット。新鮮な島の野菜あり、ベーカリーのパンやとっておきの惣菜あり、はちみつあり、コーヒー豆ありといった具合。私のお気に入りは、KEOPU COFFEEというハワイ島のコーヒー豆（もちろん、100%Pure KONA Coffeeでございます）。そして、自家製のジンジャーシロップ。ショウガと水、きび砂糖だけで作られた味はガツンとパンチの利いたシンプルなもの。その場で炭酸水で割ってジンジャーエールにしてくれるもの（$2.50）と、持ち帰りができるシロップ（小$7／大$14）がある。最近、タイのショウガを使ったシロップもあったけれど、やっぱり私はシンプルにスタンダードのもののほうが好きだった。それと、もうひとつ、はちみつ。なぜかハワイのものは、帰国後、なくなるペースが早いので、何個かまとめ買いしてくることにしている。

　その場で食べられるものもたくさん販売されているので、ぶらぶらと買い物しつつ、買い食いもする。毎回、必ず買ってしまうのはフライドグリーントマト。映画のタイトルのようなこのメニューは、その名の通り、グリーンのトマトに薄く衣をつけてカラリと揚げたもの。わさびマヨネーズか、レモンのような柑橘系のものを加えたタルタルソースらしきものをつけていただく。フライドグリーントマトは2スライスで$3、ズッキーニとマウイオニオン、グリーントマトのセット（コンビネーションプレート）は$5。揚げたてのアツアツがものすごくおいしい。サクサクの衣をかじるとトマトやズッキーニが次々とろけてあふれ出してくるのだ。これがマジで最高！

　そうやって小腹がすいては買い食いし、また、買い物をする。この繰り返しもここでの愉しみのひとつなのだ。

KCC Farmer's Market
Kapiolani Community College, 4303 Diamond Head Road, Honolulu／808-848-2074
Sat 7:30-11:00／Map5 (P.169)

07 | マリポサのパンとフルーツバター

(A) 新婚旅行のときにはじめて入ったのだから、かれこれ5年前になる。マリポサは、アラモアナショッピングセンターに併設するアメリカきっての高級デパート、ニーマンマーカス内にあるレストラン。大きく開かれたテラスから、アラモアナビーチが一望できるロケーションだ。高級なものも、そうでないものも、自分が好きなものは好きというたち。なので、新婚旅行と名がつく旅行にはそれなりにってことで、きちんと予約を取って出かけた。

で、何に感動したかというと、ここで毎日焼き上げているパン。しかも、ランチとディナーでは出てくるものが違うときている。う～ん、さすが！　ランチは日本ではなじみの薄い、ポップオーバーといわれるタイプのもの(P.29)。中が空洞になっていて、外はサクッ、中はふんわりとやわらかな軽い食感。ディナーには、モンキーブレッドと呼ばれるしっとりとした食感のものが出されている(P.28)。私が最初に食べたのは、モンキーブレッドのほうだったので、ここで出されるパンはすべてこれなのかと思っていた。

先日、サンフランシスコを訪れた際に、同じデパートの同じレストランに入り、食事をしたら、出てきたのはポップオーバーのほう。記憶がうろ覚えだったこと

もあり、同じレストランでも気候が違うとこうも味に差が出るものなのかと勝手に思い込んでいた。が、今回、事実が判明。単純にランチどきだからポップオーバーだっただけの話だった。お恥ずかしい……。

　ところでこのパンには、毎回、フルーツを混ぜ込んだバターが添えられてくる。それがとにかくおいしい！　もうこれを食べるだけでもここに来る価値はあるって感じ（ほかにも、メニューにはいろいろおいしいものがあるし、眺望も最高なんですよ。でもあえて言わせていただけるならってこと）。以前食べたのは、ベリー系のフルーツのバターで、今回のは、南国らしくパイナップル・パパイヤ・バター。甘酸っぱいフルーツにバターのコクがぴったり過ぎて、あぁ、本当に幸せな味。

　わかっているとは思うけれど、あえて断っておきますが、これだけをオーダーすることはできませんので……。あしからず。

Mariposa
3F Neiman Marcus, 1450 Ala Moana Blvd., Honolulu／808-951-3420／Sun-Wed 11：00-21：30 Thu-Sat 11：00-22：00／http://www.neimanmarcus.com／Map5 (P.168)

08 | クラフトのマカロニ＆チーズ

Ⓐ ハワイを訪れるたびについ買ってしまうもの、KRAFTのマカロニ＆チーズ（$1.89）。中には、チェダーチーズとおぼしき粉末のチーズが入った袋とマカロニが、ビニール袋にも何にもパッケージングされることなく、ボール紙でできた箱に、そのままドサッと入っている。はじめはこの包装状態にかなり衝撃を受けたけれど、今となってはふんふんと鼻歌まじりで箱を開け、ザザーッと鍋にマカロニを流し入れるくらい豪快に調理できるようになった。で、どうやって調理するかというと、ゆで上がったマカロニの水気をきり、粉末チーズと牛乳ないしは水を加え、火にかけ混ぜるだけ。よーく混ぜ合わさったら火をとめ、でき上がり！　というのが説明書にある作り方。これにクリームチーズや生クリーム、サワークリームなどを1種類のみ、適量加えるとさらにコクが出ておいしい！

　ハワイでの食事に飽きると、ときどきこれを口にしたくなる。そのたびにスーパーでたった1箱買っては作り、また、帰国前にもう2箱くらい買う。一度に買えばいいのにと思うけれど、なぜだかいつもそうしてしまう。

Ⓜ 今回、アカザワさんにこのマカロニ＆チーズを紹介したいと言われたとき、「あっ！　そんなすばらしい食べものがあった！」と、自分の古いアルバムを開いたときのような気持ちになりました。はい、すみません、言いすぎです。でも、このマカロニ＆チーズは、少年の頃、タイトルは思い出せないけど、アメリカ映画のなかで子どもが食べているのを見て、おいしそうだなぁと思い、恋い焦がれていた食べものでした。そして、実際ハワイに来てから、想像通りの味に思いっきりはまってしまった時期がありました。その時期はとうに過ぎ、僕のなかでは忘れられていたものでした。が、今回、こうして再び食べると、やはり「かっぱえびせん」的な、後を引く食べものでした。幸せです。ありがとう……。

　ところで、「かっぱえびせん」は、どうして「かっぱ」なんだろう？

Food Pantry
2370 Kuhio Avenue, Honolulu／808-923-9831／6：00-25：00／Map5（P.168）

Ⓐ　パンケーキ。この響きにやたら弱い。滞在中に何度食べるかは数えたことがないけれど、かなりの回数食べているはず。ハワイのパンケーキは南国らしくフルーツがたんとのっていたり、クリームが山のように積まれた上からさらにメイプルシロップやはちみつがかかっていたりと、とにかくダイナミック。とはいえ、やっぱりついついオーダーするのはシンプルなものが多い。生地はわりとしっとりとした薄めのものが特に好み。なかでも一番好きなのは、オリジナルパンケーキハウスのDollar Pancakes 10cakes（$4.70／写真上）とシンプルなButtermilk Pancakes（$5.25）。どちらもミルク感いっぱいで粉っぽくなく、クリーミーでめちゃくちゃおいしい！

　もうひとつ、おすすめなのが薄焼き卵のように薄く焼かれ、味も卵感いっぱいのForty-niner Flap Jacks（$6.25／写真下）と呼ばれるクレープのようなパンケーキ。バターとシロップをこれでもかってくらいにつけて食べてほしい。太ることなんて気にせずに、ね。

Ⓜ　ハワイに住みはじめ、現在まで、僕はたくさんの人を見て、真似て、その生活の仕方を学んできたと思う。パンケーキで一番最初に思い出すのは、僕の20年近くの友人というか、ハワイでの兄貴分というか、ずーっとつき合っているモーリスという人間のパンケーキの食べ方。彼は、本当に通っぽくパンケーキを食べる。例えば3枚重なっているなら、その3枚をそれぞれ上手に持ち上げ、バターをまんべんなく塗り、その後、パンケーキが溺れるぐらいシロップをかけまくる。そして、そのシロップがぽとぽとと垂れるがままに、ほお張るのだ。最初見たときは、「すごい！！」と思ったし、「これぞ、アメリカ流のパンケーキの食べ方だ！　かっこいい！」とも思った。そして、真似た。でも、太ったからやめた。

The Original Pancake House
Suite 103,1221 Kapiolani Blvd., Honolulu／808-596-8213／6：00-14：00／Map4 (P.167)

09 | オリジナルパンケーキハウスのパンケーキ

10 | はちみつ

Ⓐ　旅に出ると必ず購入するもののひとつ、はちみつ。ヨーロッパのものもおいしいけれど、太陽の日差しがさんさんと当たる場所で育った蜂の蜜は濃厚でもっとおいしい、という。だから、スーパーでもファーマーズマーケットでも、とにかくmade in Hawaiiを探す。

　今回の旅でも、こんなに見つけた。いつも行くファーマーズマーケットで購入するときは、ふたつ出ている店舗のうちのHoward McGinnisというほうで買うことが多い。Waianae Kiawe、Waimanalo Tropical、Molokai Kiaweといったように種類もいろいろあるし、なんたって味がいい。それに、ネーミングもいちいちかわいいのだ。

　スーパーなどで手に取るものでも、それぞれに花も違うし、養蜂場の場所ももちろん違う。そしてパッケージも……。だから、またしても悪い癖で全部試してみたくなり、気がついたらこんなことになっていた。クマのパッケージは世界各国どこででも見かけるものだけど、それでさえもハワイのものはなんだか一番かわいく思える。フラガールのパッケージなんてハワイそのものって感じ。

　帰りのトランクを整理するたびにこんなに買わなきゃよかったと思う。が、やっぱり日本に帰って、これをたっぷりとパンケーキやトーストにかけて食べることを考えると、この重さもなんのその！　おいしいものを手に入れるには多少の努力も必要なのだ、と思っている。

KCC Farmer's Market ＞P.24
Food Pantry ＞P.30

11 │ リリハベーカリーのスイートブレッド

(A) カウンターごしにある大きな鉄板でパンケーキやトースト、目玉焼きを焼くジュージューという音が、長いカウンターが、必要以上にカチャカチャ食器がぶつかり合う音が、働いているおばちゃんが、ここを好きな理由。それともうひとつ。鉄板で焼いてくれたアツアツのスイートブレッドとそれにつける真っ赤なジェリー状のジャムが好き。

　いわゆる古きよき時代のアメリカっぽさを残したベーカリー兼ダイナーである、リリハベーカリーは、ワイキキから少し離れた住宅街に位置している。営業は24時間。マコトの後輩でコーディネーターの仕事を手伝っていたマリちゃんは、ハワイで休暇を取っていた私たち夫婦をいろいろなところに案内してくれた。ある日、食べたいものを伝えると迷わず連れてきてくれたのがココ。変に愛想がいいわけでもなく、淡々と自分たちのやるべき調理をこなす手際のよさにものすごく感動したっけ。コーヒーも少し飲んだだけで、ジャバジャバつぎ足してくれるし。そうだよ、こういうところで食べたかったんだよ！　ってひとり、興奮したことをここに来るたびに思い出す。

　必ずオーダーするのが、さっきも書いたスイートブレッド。それにマカロニサラダ（絶品！）、あとは普通に目玉焼きとスパム、ごはん1スクープがのった朝ごはんのプレート（$5.50）。朝ごはんっぽいメニューが、朝、昼、晩いつでもあって、たとえ、夜中に来ても朝ごはんのメニューからオーダーできる。そういうラフさもハワイらしくていいな、としみじみ思う。

Liliha Bakery
515 North Kuakini Street, Honolulu／808-531-1651／24hours open
Sun20：00 - Tue8：00 closed／Map4 (P.166)

Liliha Bakery

FREE PARKING WHILE SHOPPING

ONE WAY

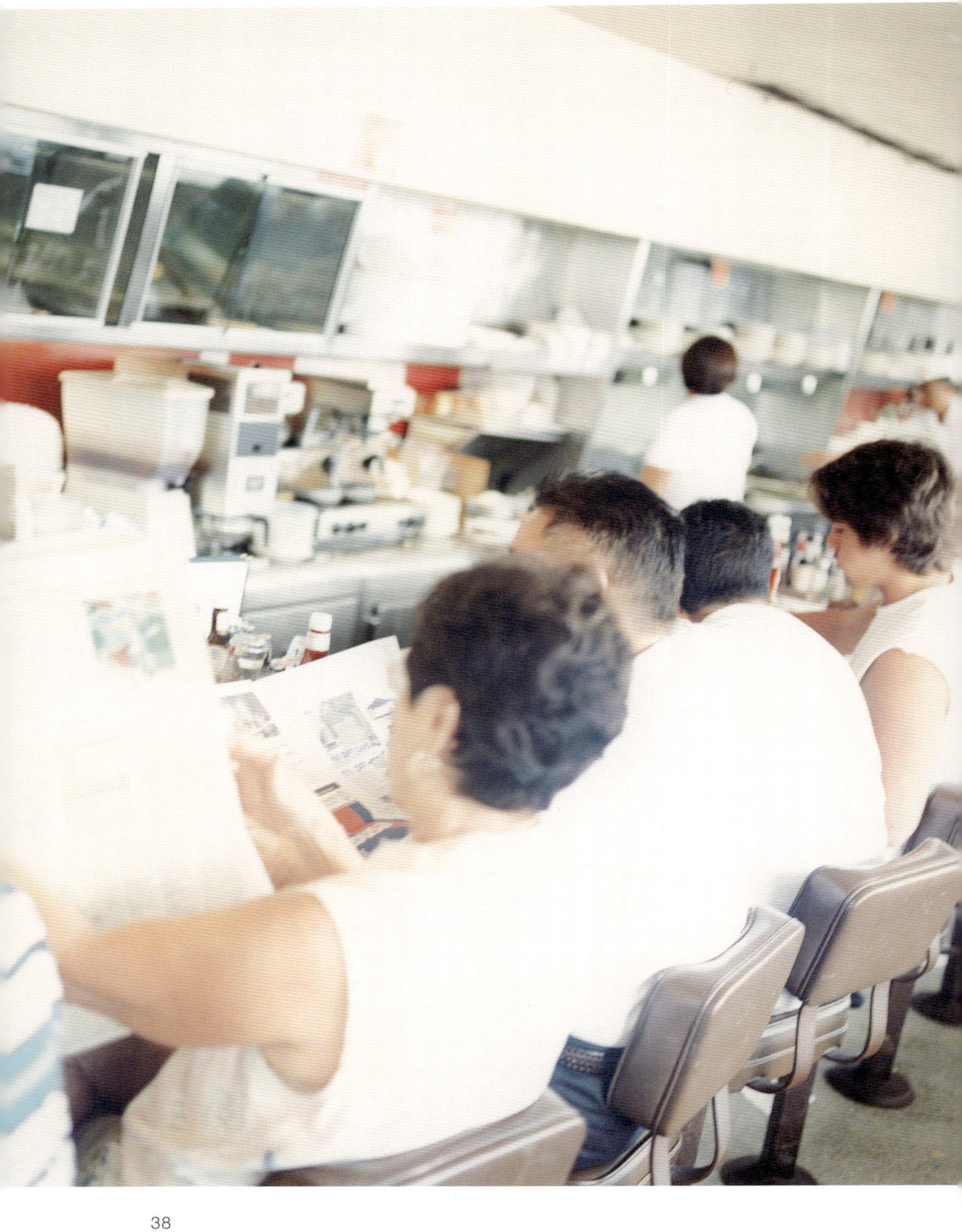

39

12 │ 水着

A 日本ではなかなか恐ろしくて（体型を世間にさらすのが）、水着姿になることなどないが、これもまた南国の、いや、ハワイの持つパワーゆえか、堂々と水着で海にも入るし、ときには、ショートパンツだけはいて、上はビキニのままちょいとABCストアまでなんてことも、ごくたまぁにだが、ある（こうして書いてみると結構恐ろしい……）。

毎年、夏になると鎌倉の海の家でアルバイトをすることもあって、水着は必需品。とはいえ、水着のまま働いているわけではなく、それを下着代わりに使っている。

そんなわけで、ハワイを訪れるたびにというと言いすぎだが、一度に最低2着は買ってしまう。ブラジル製のものが最近注目されていて、ハワイでもよく見かけるけれど、保守的な私はそんなお尻が半分以上はみ出たセクシーなものを着こなす勇気もスタイルも持ち合わせていないので、すっぽりお尻が収まるタイプのものを選ぶ。よく行くのは、ワイキキにもたくさんお店があるロコブティック（日本人もいっぱい買い物に来ています。お店のお姉さんたちが気さくでおもしろい）。サーフブランドのロキシーやビラボンあたりでもかわいいものが見つかる。特にロキシーやビラボンは、Tシャツやゆるゆる着るワンピースなんかもかわいいので、年甲斐もなく結構買ってしまう。

ちなみに、お尻がすっぽりと、と書いたけれど、もちろん、セクシーなものもたくさんあるのでご安心を。一番言いたかったのは、プリントやデザインが日本のものよりも海にちゃ～んと似合うようにできている、ということ。やっぱり、水着も潮の香りがするところで買ったほうが似合うような気がする、ってただ単にそういうことなのかもしれないけれど。

Loco Boutique
Outrigger Ohana Malia Hotel, 358 Royal Hawaiian Avenue, Honolulu／808-926-7131
9：00-23：30／http://www.locoboutique.com／Map5（P.168）

Roxy
Ward Centre,1116 Auahu Street, Honolulu／808-596-7699
Mon-Thu 10：00-21：00, Fri-Sat 11：00-22：00, Sun 10：00-19：00／Map4（P.167）

Billabong Hyatt Waikiki
2424 Kalakaua Avenue # 1102, Honolulu／808-923-4491／9：00-23：00／Map5（P.168）

What are you gonna eat tonight?

Well, I go get Spam and Rice……

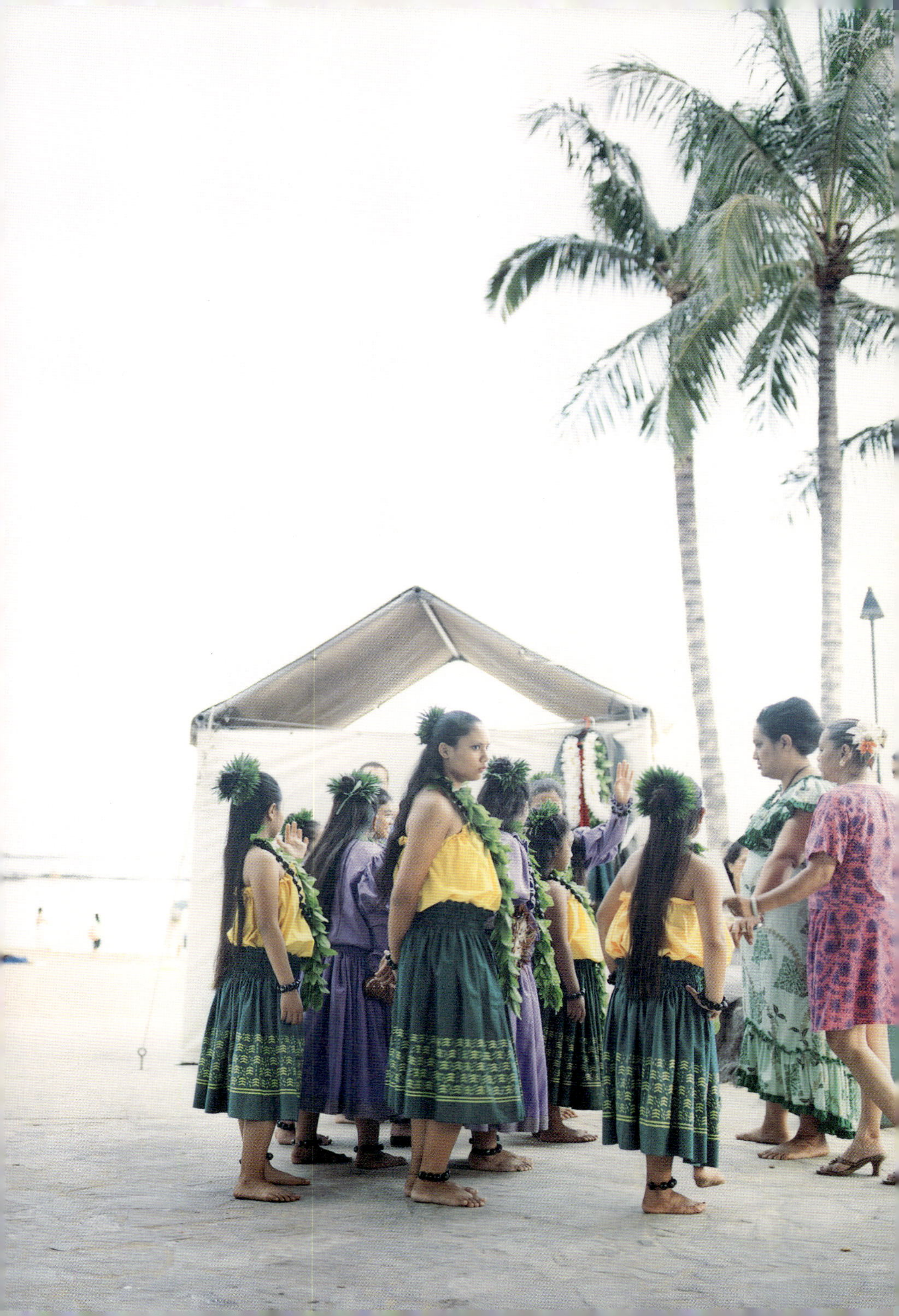

13 | マクドナルドの朝ごはん

Ⓐ 旅をしていると世界各国いろんなマクドナルドに出合うことになる。といっても、そんなにたくさんの場所に行ったわけではないから、そう偉そうなことは言えないけど。北欧によく出かける友人は、コーヒーを入れてくれる紙コップがものすごくかわいかったと言っていた。誰だったか忘れたけれど、有名なデザイナーがデザインしたものだったとか。

ハワイの場合、デザイン的にどうのこうのといったことは特別ないけれど、朝ごはんのメニューがとにかく充実している。なんたって日本でも見かけることのない、ごはんつきのメニューがあるんだから。両面こんがりと焼かれたスパムと半熟のスクランブルエッグ、それにごはんが盛りつけられたワンプレート、Local Breakfast（$3.89）が私の定番。ものすごいボリュームと甘さに飽きてきたら、カラカウア通りのマクドナルドでこれを買い、ビーチ前のベンチで食べる。横には、同じようにコーヒー片手に新聞を読むおじいちゃんや、朝ごはんのベーグルをほお張るおじちゃんとおばちゃん。目の前のビーチには散歩を愉しむ人の姿も見える。セルフ・オーシャンビューもなかなかどうして。ホテルの高級レストランから望む眺めよりも、うんと素敵に見えたりするから不思議だ。

ところでハワイのマクドナルドでは、ポテトやハッシュドポテトを選ぶのと同じ感覚で、パイナップルをカットしたものがセレクトできる。ちょっとずっこけるこのラインナップもハワイならでは。なんともほのぼのした気持ちになる。

McDonald's
2476 Kalakaua Avenue, Honolulu／808-971-1766／5：30-24：00／Map5 (P.168)

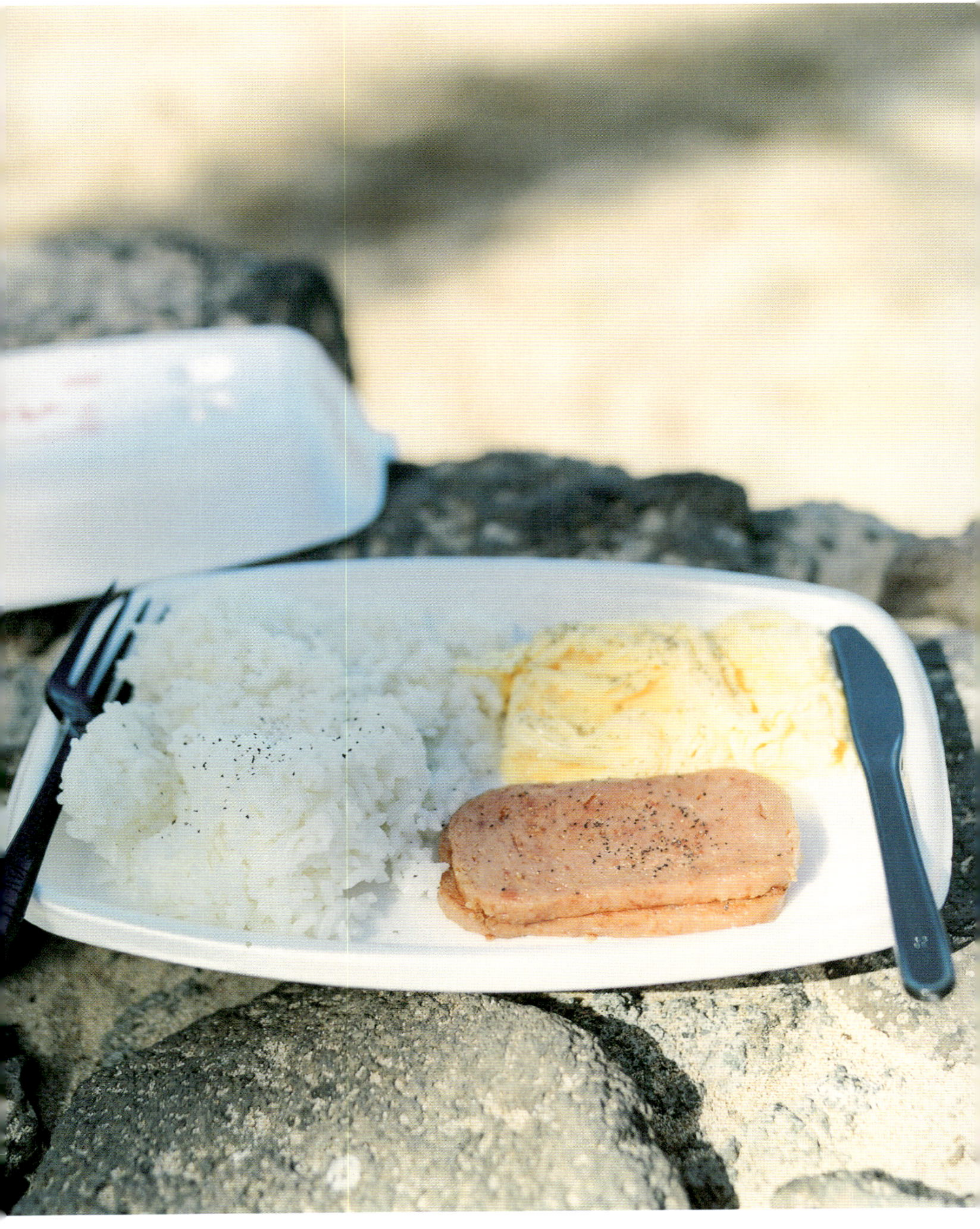

14 | プレートランチ

JJ DINER
＞移転先を探しているため、所在地不明

Kiawe Grill BBQ & Burgers
2334 South King Street, Honolulu／808-955-5500／Mon-Sat 9：00-21：00, Sun 9：00-20：00
Map5 (P.168)

Ⓐ あまり食べることはないのだけれど、ときどき無性に食べたくなるのがこのプレートランチなるもの。何が好きかって、おっぱいのようにふたつスクープされたごはんのやわらかな炊き上がり具合と、マヨネーズたっぷりのマカロニサラダ。無類のマカロニサラダ好きの私に、このボリュームはかなり満足度が高い。サラダがついてるからヘルシー気分でいたけれど、この間、ごはんと肉とマカロニサラダだよ、野菜ほとんど入ってないよね？　と言われ、愕然。あ～、確かにね。なんと的確な友人よ。言わなくてもいいことまで気がついて……。

　そんな私の一番のお気に入りは、チキンにもち粉をはたいて焼き、照り焼きソースをからめたもち粉チキンとマカロニサラダが入ったランチボックス、Mochiko Chicken Mini（$3.95／写真左）。マコトから教えてもらったJJダイナーのものは、味もしょっぱすぎず、照り焼きにありがちな甘すぎる感じもない。外はもちっと、中はふっくらのチキンとソースが染み込んだごはんが最高においしい！　時間に余裕のあるハワイの休日は、公園に行ってこんなランチをとることもある。

Ⓜ KIAWE（キアヴェ）というのは、ハワイやアメリカ本土にある低い木で、炭としてよくバーベキューなどに使われているものです。これでお肉を焼くと香ばしくなり、より一層おいしく食べられるということで、ハワイのみならずアメリカではとてもポピュラーな「炭」です。

　と、余談でしたが、この店は、全体的に値段がリーズナブルなわりに、その量は半端じゃありません。なので、ローカルの人にも密かな人気店になっているみたい。僕もローカルの友達から教えてもらったし、きっと口コミで人気を博したプレートランチ屋さんなのだと思う。

　今回頼んだKiawe Grill Pulehu Kobe Patty Plate（$ 8.15／写真中）は、とってもシンプルで、プレートいっぱいのごはん（少なくとも2合はある！）の上に、塩とこしょうで味つけした手の平大のお肉（パティ）をのせてあるだけ。それに、たぶんオーナーが韓国人だからだと思うけど、お店のカウンターに並んでいる韓国風のナムルやマカロニサラダなど、好きな4種類をセルフサービスでつけられるというもの。味がシンプルなおかげで、僕的には全然飽きがこない、というより、また食べたい！　と思う一品。どっちにしろお肉好きだから、このボリュームのあるお肉が僕にとってはたまらないんです。

15 | カタマランヨット

Ⓐ ワイキキビーチを海から望める乗りもの、カタマランヨット。ワイキキビーチに沿って立ち並ぶホテルの前に、それぞれ3〜4隻いつも停泊している。ずっと乗ることがなかったのに、あるとき突然乗ってみたのがはじまり。それからというもの、ハワイに来るたび、ばかみたいに何度も乗りに行く。

　ビーチから1時間のクルージングは、意外にも見ることのなかった海からのワイキキやダイヤモンドヘッドの裏側をじっくり見ることができる。ときどき、海でのんびり泳ぐカメやイルカにも会えたり……。海からワイキキの街にかかる虹を見たときは感動だったなぁ。

　何度も乗るヨットは決まって、ハイアットリージェンシーホテルの前に停泊している虹色の帆が目印のもの。ほかのヨットに比べて少し小さいけれど、それがかえっていい感じ。がっちりとした大きな体でほら貝を吹いて出発の合図をする船長のロッキーとそれをお手伝いするイケメンのジャスティンのコンビも最高なのだ。ほかのヨットでは飲みものを購入できたりと、ちょっと豪華な感じなのだけれど、ロッキーのヨットはそんなサービスなんてなし。飲みたければ、自分で買っ

て持ち込む！　その気軽さも自分に合っている。

　ヨットの先にはネットがついていて、そこに寝転んで海水をバシャバシャ浴びながらクルージングを愉しむこともできる。ちなみに自分は滅多に乗らないけれど、人が乗っているのを見るのはおもしろい。どんな大人でも、みんなとっても無邪気だから。

　ヨットにはさまざまな国の人たちが乗ってくる。日本人はほとんど見かけることがないけれど、この間はアメリカ、ドイツ、オランダ、スペインの人たちと同乗した。みんなの楽しそうな笑い声とおしゃべりを聞きながら海を見ていると、日頃、忘れかけていた風に当たる気持ちよさや海のにおい、同じ地球上に暮らす人同士のあったかさを実感する。ロッキーが操縦する1時間のクルージングは、一番忘れちゃいけない、大事なことを見直す時間でもあるような気がしている。

＊だいたい10：00～17：30くらいの間に4～5回出航。
　1時間のクルージングでひとり$20～（船によって違う）。

Catamaran＞Map5（P.168）

Ⓐ さまざまな国のさまざまな民族の人々が暮らすハワイには、その国さながらの食を味わえるという利点がある。チャイナタウンはまさにその宝庫。中華はもちろん、ベトナム料理も多く、なかでもフォー屋は何軒も軒を連ねるほど、数が多い。

　フォーでも食べようかと、日曜日の昼、マコトと出かけた。かつて何度も足を運んだビルの中のフォー屋さんはその日、結局見つからず……。しかも、マコトのお気に入り、川沿いの有名店はなんとお休みだった。あきらめきれず、その隣りの店「ゴールデンリバーレストラン」でフォーを注文し、食べることに。が、しかし、やっぱりそこでもハワイのフォーは劇的においしかった。スープのほどよいしょっぱさと米麺のつるりとした食感。バサッと無造作にのせられた、もやしやホーリーバジル、それに香菜。完璧だった。ベトナムでも食べたことがあるが、個人的な好みとしては、断然ハワイのほうがおいしいと思う。へたに期待しなかったのがよかったのか、悪かったのか。いずれにしても大満足で店を後にした。

Ⓜ 今、自分のなかで、一番好きな食べもののひとつが「フォー」。というより、実は、フォーはフォーでもエッグヌードルのフォーが好きだ。細麺で縮れててコシが強いエッグヌードルは、僕にとって理想の麺と言っても過言ではない。その麺に塩味のさっぱりした汁を絡ませ、食べる。ときとして、2杯食べてしまうこともあるほどうまい。このフォーに関しては、店がどうこうというのは特になく、あれば絶対食べたい料理のひとつに、今、なっている。ただ、なかでも、やはり中華街にあるフォー屋さんはおいしい。さすがに味音痴の僕でも、その違いはわかる。いわゆる本場の味なのだろう。とにかく、川沿いのいつも行列ができているフォー屋さん「フォートーチャウ」は、絶対おすすめ。

　ハワイとフォー、なぜかマッチしているような気がするのは、僕だけだろうか？

Golden River Restaurant
198 North King Street, Honolulu／808-531-1185／8：00-16：00／Map4 (P.167)

Pho To Chau
1015 River Street, Honolulu／808-732-2600／8：30-14：00／Map4 (P.167)

16 ｜ 中華街のフォー

17 | 中身もおいしい、かわいいパッケージ

Ⓐ レコードはジャケ買いしないけれど、食べものはパッケージ買いするほうだ。ハワイに来ると、このパッケージのかわいさについつい何度も買いたくなってしまうものがいくつかある。そのどれもが安い、しかもおいしいときてるからますますもって申し分ない。

　朝早く、この店に行くと、ロコが何十個も注文し、デコレーションケーキでも入っているかのような大きな箱を抱えて店から出てくる光景に出くわす。それがハワイ好きなら誰もが知っているであろう「マラサダ」と呼ばれる揚げパン。ふわふわの食感に惜しげもなくたっぷりとまぶされた砂糖。中にはカスタードクリームやココナッツクリームなるものが入っている。でも、一番おいしいのは断然プレーン。つまり中に何も入っていないタイプのもの。これに限る。ピンクの文字で

Open the I

「Leonard's Bakery」と印刷された箱。これがとにかくかわいい！　この箱欲しさにたったふたりで食べるのに、6個入り（1個$0.88）を購入して大事に箱を持ち帰る（この箱をもらえる最低数が6個なんです）。ありそうでないこの書体と思い切ったピンク色がなんともかわいい。ちなみに創業1958年の老舗ベーカリーの名物であるマラサダは1日1000個も売れるんだそう。なんともすごい話ですよね。

　もうひとつ。これはハワイのものかどうかは実は？ですが、かわいくておいしいので一応ご紹介。アメリカの大型チェーン店である「ビッグKマート」内にある入り口近くのピザ屋さん。ここのItalian Chese Bread($2.89)はかなりイケている。おそらくコーンブレッドにチーズとガーリックパウダー、パセリをのせて焼いただけなのだろうけれど、ショッピングで疲れ、小腹がすいたときなどには格別な味

Leonard's Bakery
933 Kapahulu Avenue, Honolulu
808-737-5591
Sun-Thu 6:00-21:00
Fri-Sat 6:00-22:00
Map5 (P.169)

Big K-mart
500 North Nimitz Highway, Honolulu
808-528-2280／24hours open
Map4 (P.166)

Food Pantry＞P.30

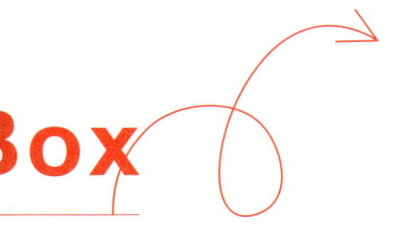

Box

　わいを醸し出しているように思える代物。塩味の利かせ方もちょうどいい。そしてなんといっても幸せそうな表情でピザをほお張ろうとしているキャラクターのLittle Caesarsくん（？）がかわいい。もちろんこの箱も、そしてペーパーナプキンも大事に持ち帰ったことは言うまでもない。
　最後にもうひとつ。ずーっとパッケージだけ欲しいと思っていたのが、卵のパッケージ。ここにプリントされているハワイアンガールがかわいい！　10個入りの発泡スチロールのパッケージにプリントされているのもいいんだけれど、30個入りのビニールパッケージときたら、もう、本当にかわいくて、かわいくて……。でも、ただの観光客にこんなにたくさんの卵が必要なわけもなく……。先日、ようやくキッチンつきのホテルに宿泊したときに思い切って買ってみた。毎日、卵、

卵、卵。日本の卵と比べてどうかと聞かれると答えに困るけれど、それなりにおいしいことは確か。パッケージがかわいいからか、心なしか黄身の色も色濃くおいしそうに見えてくる。至って単純なのだ。残った卵は、もちろんマコトの家へ。パッケージは大切に持ち帰り、額装いたしました。

香ばしい香りがたまらない
ピーナッツのパッケージも
こんなにキュート。
かわいすぎる〜〜。

18 | ダイヤモンドヘッド

Ⓐ ハワイのポストカードや航空会社のポスター、旅行会社のパンフレット……。あらゆるところで目にする、ダイヤモンドヘッド。いつの頃からかワイキキビーチと立ち並ぶホテル、そしてダイヤモンドヘッドという一枚の絵柄は、ハワイの象徴となっていた。

　ダイヤモンドヘッドに特別の想いを抱くようになったのは、ホテルからの眺めのすばらしさを知ってしまってから(P.96)。でも、どこかでそれだけではない強い力を感じていた。ビショップミュージアムにダイヤモンドヘッドのことに詳しい教授がいるという話を聞き、さっそく話を聞きに出かけた。

　かつて火山があるところには、火の神様「ペレ」がいるとされていた。教授の話によると、ダイヤモンドヘッドもこの最強の神様ペレが創ったものとされているとか。かたちが今のように尖っているのは、海に向かって吹く貿易風に削られたため。かつては「Hill」と呼ばれていたけれど、いつしか「Head」と呼ばれるようになり、さらには、1800年代のはじめに来たイギリス人によって、中にクリスタルのように光るものが見えたことから「ダイヤモンドヘッド」と呼ばれるようになった。また、ダイヤモンドヘッドにお寺があった時代もあった。当時、お寺には2種類あって、ひとつは人を助けるほう。もうひとつは生け贄にするほう。ダイヤモンドヘッドにあったのは後者のほうで、それも1819年には取り壊された……、なんて話をひとしきり聞いた。でも、私が知りたかったのは、ダイヤモンドヘッドにまつわるおとぎ話があったかどうかということ。それがあったなら、きっと私は

それに惹かれているに違いないと思っていたから。でも残念ながらそんな話は聞いたことがないそうだ。

　それでもひとつだけ「そうか！」と思える話があった。それは、カメハメハ4世、5世は、ダイヤモンドヘッドの麓に家を建て、そこでサーフィンをしたり、絵を描いたりして、のんびり暮らしていたという話。ワイキキは水がきれいだったから魚を養殖したり、タロイモ畑を作ったりもしたのだそう。そのうち避暑地として栄えるようになり、みんなが絵を描いたり、写真を撮ったりするようになると、そこには必ずといっていいほど、ダイヤモンドヘッドの姿があった。それが世界中の人たちの目に触れ、ハワイの象徴となっていったのだそうだ。ここで「そうか！」と私が思ったのは、ダイヤモンドヘッドがどうして象徴的な存在になったかということではない。ダイヤモンドヘッドの麓に、王朝の人たちが暮らしていたということ（何を隠そう、ハワイ王朝と名のつくことにめっぽう弱いのだ。この本の中にも後からいっぱい出てきます）。まだまだ、調べていく価値はありそうだ。

＊登山口から標高232mの山頂へは約30分の道のり、とどのガイドブックにも書いてあるが、
　気合いで登ったときはもっとかかったような気が……。
　途中、真っ暗になる洞窟のようなところを抜けると、急に青い空が広がり、
　眼下には、疲れも吹き飛ぶ景色が広がっていました。
　たまにはいいかもしれませんね、たまには。
　どちらかというと、登るより、遠くから眺めるほうがやっぱり好きだなぁと思った体験でした。

Diamond Head＞Map5（P.169）

19 │ リリウオカラニ女王

A 1795年にカメハメハ大王がハワイ統一を果たし、建国したハワイ王国は、約100年で幕を閉じることになる。そのハワイ王朝、最後の女王がリリウオカラニ。実は、あの名曲「アロハ・オエ」を作った人でもある。

　5年くらい前のことだったと思う。ダンナとハワイに出かけたときのこと。ハワイアナホテル（P.70）に宿泊した際に案内されたのが、「LILIUOKALANI」と書かれたプレートのついた部屋。部屋にはリリウオカラニ女王の肖像画。シンプルな部屋の大きな窓を開けると、海から上がってきた少々しょっぱい風が抜けた。その日以来、ハワイのあちこちで何かとリリウオカラニという文字が目に留まる。今までハワイに来ていて、キング・カメハメハという文字を何度も目にしたとは思うけれど、これほどまでに気にかかることはなかった。ガイド本や街に置かれたフリーペーパーを開いてもその文字が目のなかに飛び込んでくる。仕舞いには、フリーウェイを走っていたとき、標識にまで出てきた。正直、それまでは恥ずかしながらアロハ・オエを作った人ということさえも知らなかった。ところがこの日を境に、次から次へとリリウオカラニ女王のことが自分のなかに入ってくる。これはもう、何かあるに違いない。勝手にそう思い込んだ私は、少しずつではあるけれど、彼女に関する書物を読んだり、調べものをしたり、彼女にゆかりのありそうな場所を見てまわったりしている。それが何につながるのかは、今はまったくわからない。でも、今はとにかくたくさん会いたいし、たくさんのことを知りたい。その気持ちだけ。それだけが自分を動かしている。

　1898年にハワイがアメリカに併合される前のいざこざで、リリウオカラニ女王は、イオラニ宮殿の一室に幽閉されることになる。そこで、アメリカとハワイの人々との争いを避けるために、降伏を余儀なくされ、ハワイ王朝は終わりを告げる。

　彼女が作った「アロハ・オエ」には、ハワイ王朝に対する哀愁を綴ったもの、愛の歌などなど、いくつか説がある。いずれにしても切ない歌詞と優しいメロディーに、毎度涙してしまう自分がいる。まったくなんだってこんなに切ない曲なんだろうか。歌詞の意味さえも知らなかったときから、このメロディーを聴くだけで胸

が締めつけられた。きっと、終わりゆく時代を想い、切なかったに違いない。

　今回の旅でも何度かリリウオカラニに出会うことができた。そのたびに彼女の人望の厚さを再確認できた。市民に愛されていた女王。彼女の像や墓にはいつもレイが絶えることがないと聞き、そっか、やっぱりね、とうれしくなった。

　この旅の終わりに、ホノルル空港でガラガラとトランクを引きずっていたら、聴き覚えのあるフレーズが流れてきた。今まで空港に音楽がかかっていたことすら気がつかなかったのに、はっきりとその音は、静かにしっかりと耳に入ってきた。アロハ・オエだった。真面目な本当の話。

イオラニ宮殿の入り口に立つ、
リリウオカラニ女王の銅像。
りりしく、温かな表情に思わず見とれてしまう。

Iolani Palace
364 South King Street, Honolulu／808-522-0832／9:00-16:00
Sun-Mon closed／http://www.iolanipalace.org／Map4 (P.167)
＊日本語のツアーは12:30〜で、料金は$20。
＊5歳未満は入館不可。

ハワイアナホテルの一室。
リリウオカラニ女王の肖像画がかけてある
部屋からは、
プールのある気持ちのいい中庭が望める。

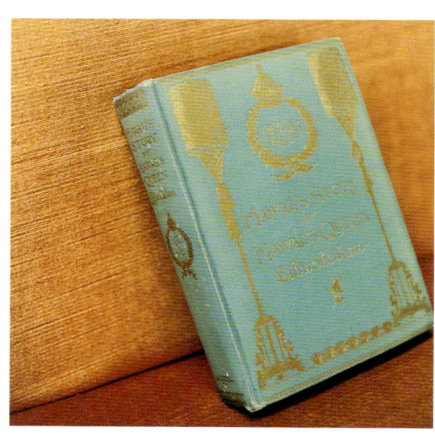

リリウオカラニ女王自身が執筆したとされている
『HAWAII'S STORY BY HAWAII'S QUEEN』。
彼女が幽閉され、
その後、解放されるまでの話が綴られている。

イオラニ宮殿を見学した際、
隣接するショップにて購入した
リリウオカラニ女王の写真。
一番よく見かけるこの写真は、
威厳と優しさと強さに満ち溢れているように思う。
敬意を表して、旅の間中、枕元に置く。

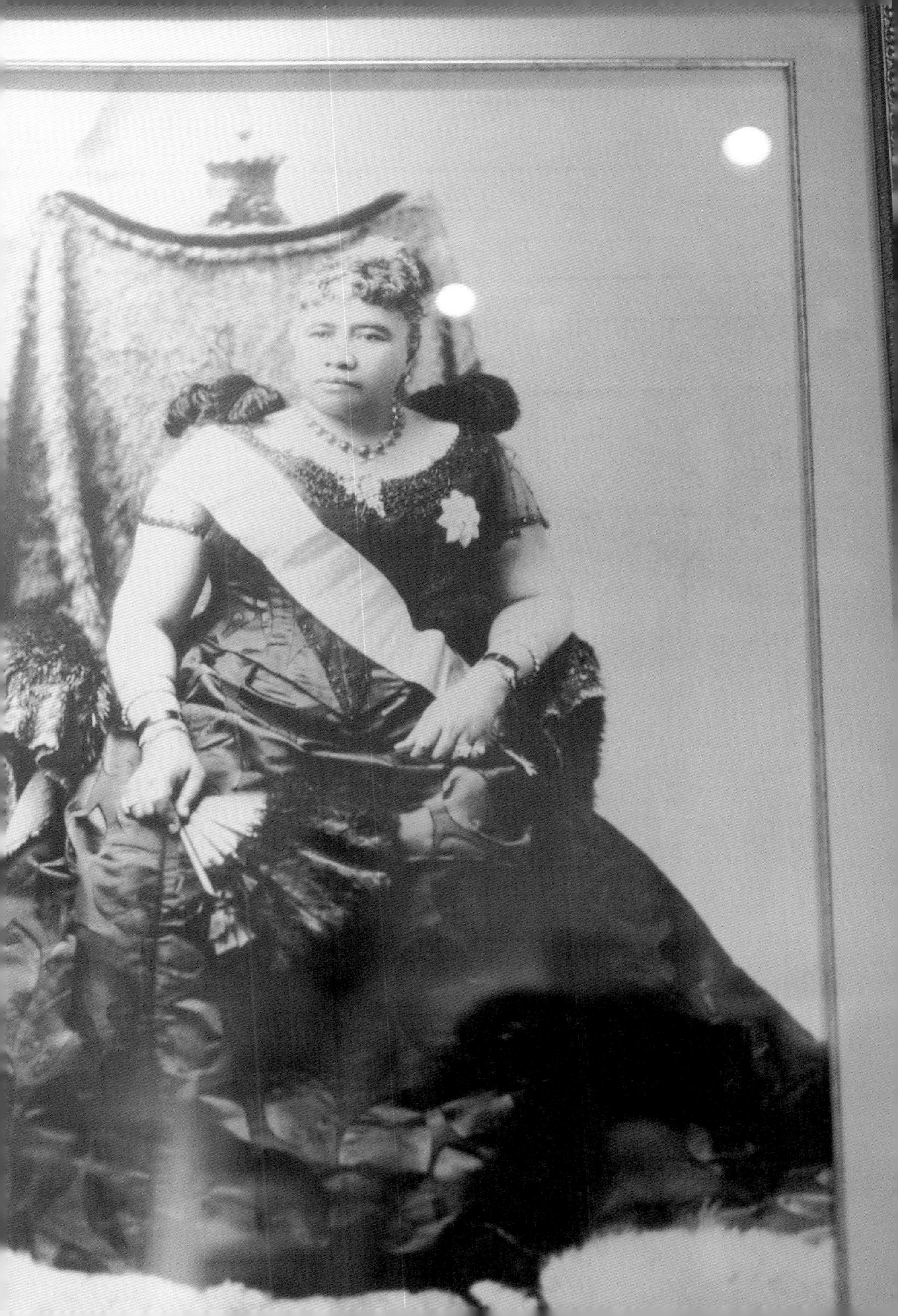

そうめん（$1.39）以外にも、
塩（$1.49）やサイミン（$1.55）、うどん（$1.39）なんてものもある。

20 ｜ フラガールのパッケージ

Ⓐ フラガールのイラストに惹かれ、おみやげに購入したフォーとそうめん。昔懐かしい感じのするこのイラスト。毎回、食べるわけではないのに買っては友人たちへのおみやげとしている。申し訳ないけれど、決してこのそうめんがおいしいからというわけではない。なぜなら、実はまだ一度も食べたことがないから、味についてとやかく言えないのだ。もしかしたら、すごくおいしいかもしれない。それよりも何よりもこのイラスト。これがすばらしい。ハワイには、フラガールのイラストが施されたものがいくつもある。が、これは！　と思える、イラストに出合えたのは、たったひとつこれだけ。ほかは、現代風にたくさんの色を使っていたり、やけに表情がリアルだったりと、どうもしっくりこない。それに引き換えこれは、さらっと描いたようなさりげない線に加え、どこかしらクスッと笑えるおちゃめさを持ち合わせているように思う。いかにも真似できそうなタッチなのに実はなかなか難しい。そんな気がするイラストなのだ。

　これがいつ、誰が描いたものなのかは調べたことがない。それを知るよりもいいなぁと思える素直な目線で、いつまでもみやげものとして存在しているほうがいいかなと思っているからだ。先日、古いものを扱うお店に行ったら、このパッケージが額装してあった。実は古くからあるものなのだろうか？　少なくともスーパーでは15年近くの間、見かけている。急に気になりだしてしまった。

Food Pantry ＞P.30

21 | ジャックインザボックスのジャック

A まだ日本に入ってきていないアメリカのファーストフード「Jack in the Box」。ここのハンバーガーはもとより、キャラクターである「Jack」が大好き。スノーマンのような顔なのに、体は人間という不思議なキャラクターがシュールでいい。

カラカウア通り沿いの店には、壁の至るところにJackの写真が額装してある。クルマに乗ってドライブしていたり、マイクを持って歌っていたり、すごい違和感のある写真なのだが、それがいちいちおかしい。しかも店内はほかのファーストフード店に比べ、いくらか蛍光灯の数が少ないのか、昼間でも結構薄暗い。それもあってか、ますますこのJackの存在がおもしろみを増している気がする。

アンティークショップでもたびたび見かけるJackのキャラクター。そのほとんどが、Jack in the Boxでクリスマスや記念日にハンバーガーとセットで販売されるノベルティーで、クルマのアンテナの先につけるアンテナボウルや、キーホルダーなど。アンテナボウルは比較的いつでもあるが、クリスマスになるといつもの黄色い帽子がトナカイの角になっていたりするものも登場する。それがまた笑えるのだ。今回は、いつも行くアンティークショップでペッツのJackとブラブラ首が揺れるスーツを着たJack、それに赤いクルマでドライブするJackらを購入した。ホテルのベッドサイドにそれらを置き、しばらく眺める。笑える。かわいすぎないところが、なんとも愛おしいのだ。

Jack in the Box
2310 Kuhio Avenue, Honolulu／808-923-6350／24hours open／Map5（P.168）
＊カラカウア通り沿いの店は閉店してしまったので、データは近くのクヒオ通りの店のもの。

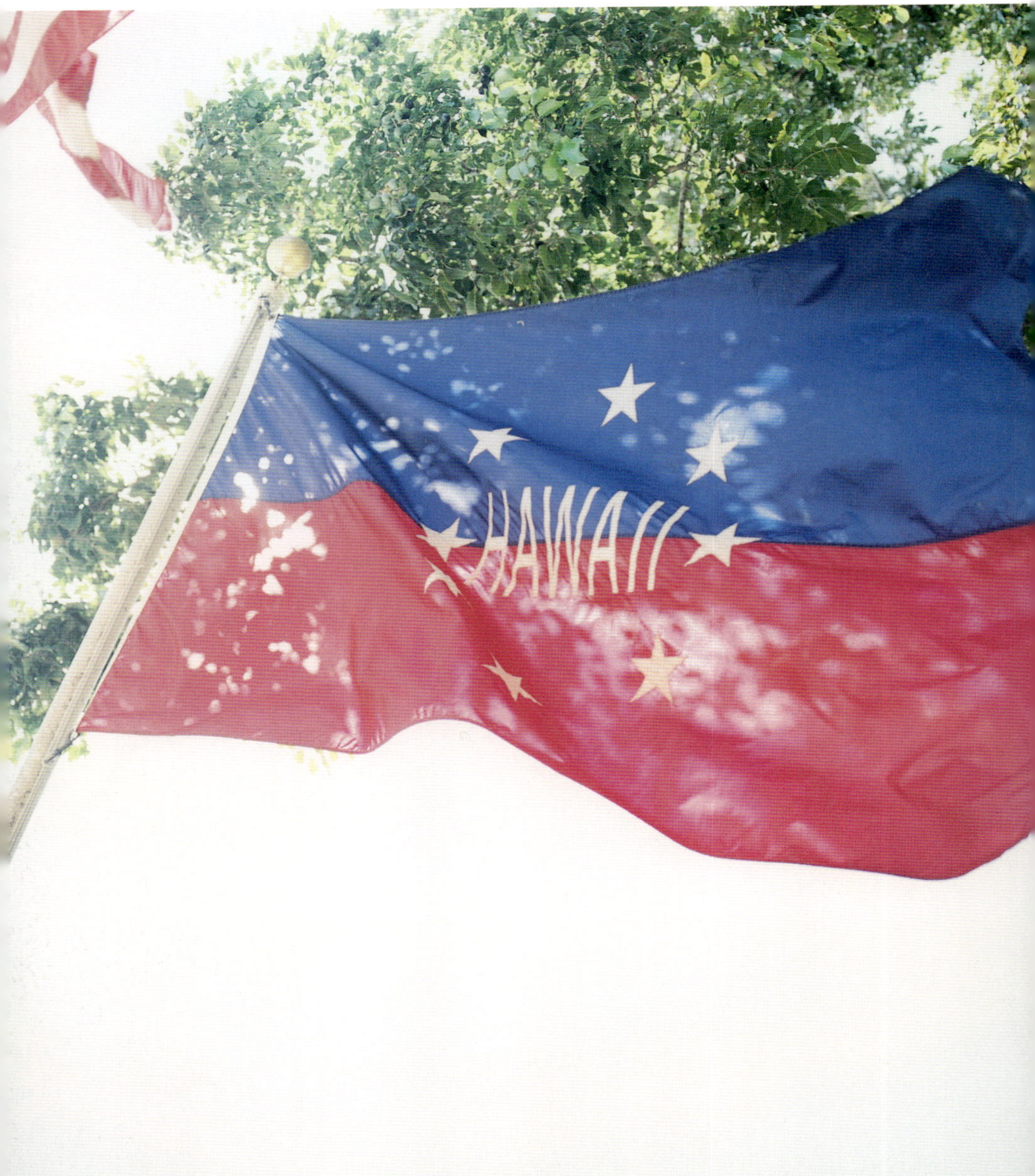
HAWAII

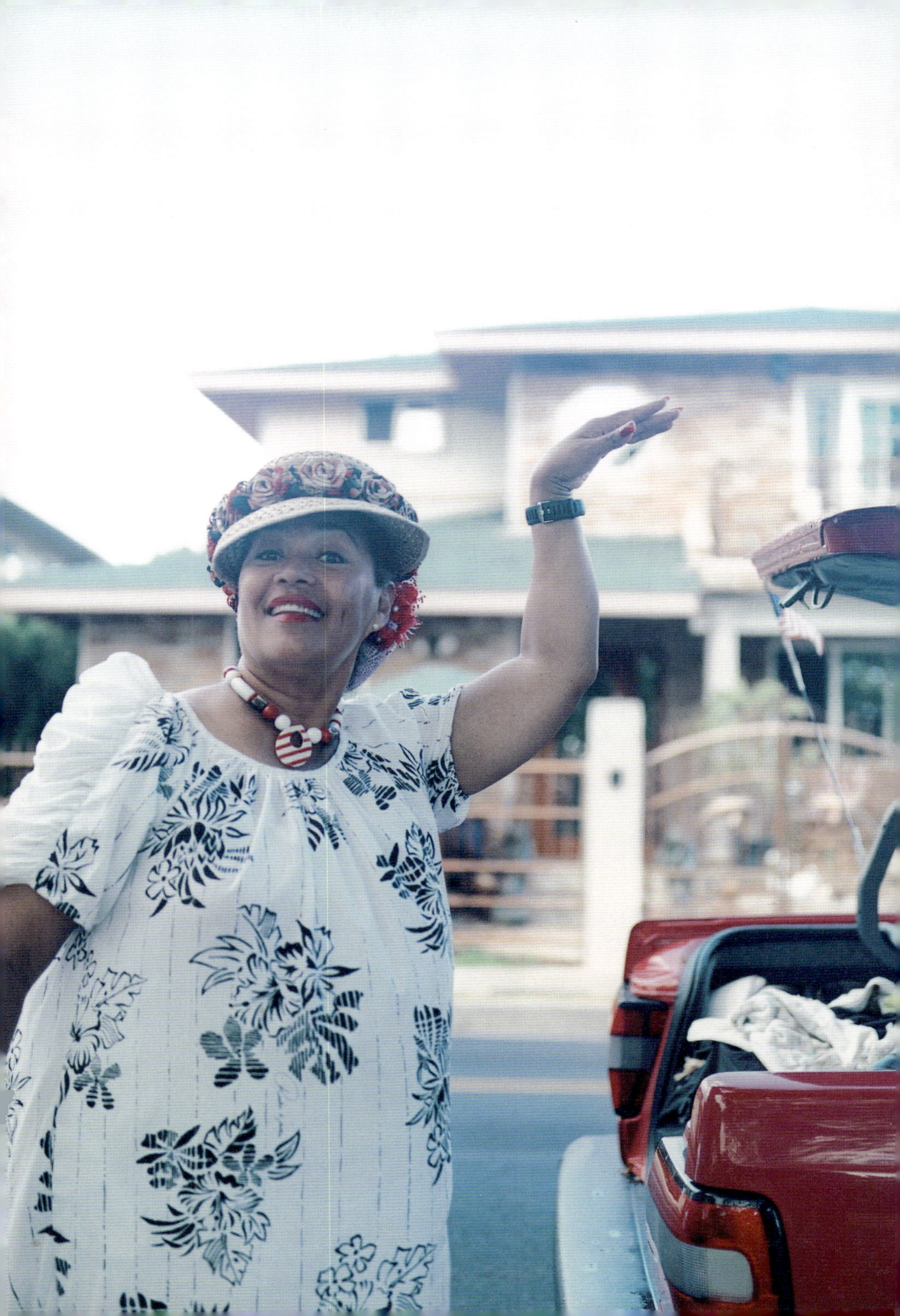

22 | ハワイアナホテル

(A) コの字型の建物の真ん中にはシンプルな四角いプール。周りには南国の植物がこれでもかってくらいに植えられている。そのプールを真横から見下ろす部屋。これが私の一番お気に入りの部屋だ。

部屋の大きな木の扉には「LILIUOKALANI」とプレートが掲げられている。部屋のドアを開けると、海に向かう大きな窓からふわりと風が抜ける。ちなみに海は見えない。なぜなら建物は2階建て。低い。見えるのは、四角いプールとホテルの門にドンと置かれたティキ（ハワイの神様をかたどった像のこと）の後ろ姿くらい。でも、それくらいがちょうどいい。ここに流れている和やかな空気がそう思わせる。

創業1955年。当時、ワイキキに建築中のホテルはすべてハワイアナホテル同様、低い2階建ての建築が中心だったのだそう。ビーチサイドに立ち並ぶ、有名なホテル群も同様。かなり風情ある建物だったようだ。そんなわけで、50年代にはこの部屋からも海が望めたらしい。そのときは、どんな眺めだったのかしら？

ここに泊まるのは、静かに読書にふけったりしたい旅のとき。それから長期のとき。ワイキキのど真ん中にしては料金もリーズナブルだし、静かだし、スタッフもみんな陽気で優しい。キッチンもついているからちょっとしたものなら作れる。それが気に入って、いつからか10日以上の滞在のときにはここと決めている。

Hawaiiana Hotel
260 Beach Walk, Honolulu／03 - 5439 - 4405（日本支社）／http://www.hawaiianahotel.jp
Map5（P.168）　※残念なことに、2009年にClose Down。

プールサイドでは、
毎朝コーヒーとフルーツのサービスもある。

23 ｜ カラパワイマーケット

Ⓐ 日に焼けたグリーンがなんともいい感じの外観。小さな店の奥には手作りサンドイッチを出すコーナーが、レジの横では水着のままコーヒーを立ち飲みする人……。すべてが思い描いていたハワイそのもの、はじめてここに来たとき、そう思った。あれから10年。今は、カイルアに来るとちらりと立ち寄り、おみやげのコーヒー豆（$16.89）とビーチで食べるサンドイッチを買う。サンドイッチはスタンダード（$5.49）という種類のもので、レタス、トマト、オニオン、チェダーチーズ、ペッパーターキー、アボカドスプレッドなどが入ったもの。具やパンは、いくつかあるもののなかから選択するシステムになっている。私はいつもオニオンロール。それに$1.25追加してアボカドも入れてもらう。これで完璧。ふっくら、しっとり、香ばしいパンにジューシーな野菜やターキーが折り重なって、それはそれは幸せな味になる。ビーチに座ってムシャムシャとほお張り、真っ白い砂浜とあお〜い海をただただぼーっと眺める。ただそれだけなのに、ほんと幸せな気持ちになれる。

Ⓜ カイルアビーチの入り口にあるこのマーケット。それは、僕がまだハワイを知らなかった頃に、想像していたハワイの建物そのもの。昔のまだ俗世間に侵されていないハワイ……。そう、僕が夢見てきたハワイは、まっ青に広がる空にゆっくり流れる雲、そして穏やかに過ぎる時間と風、その風景を邪魔しないパステル調の木造の家やお店。そんな想像通りのお店がこの「カラパワイマーケット」だと思う。

　一見、街の普通の雑貨屋さんだけど、中に入ると、置いてある品物やテイクアウトのサンドイッチなどから、わりとお店のご主人のこだわりを感じることができる。日本にはありえない、いかにも外国のお店かもしれないけど、不思議と懐かしさを感じる。僕が求めているハワイは、きっとこんな感じなのだろう。そして、そんなハワイをいつも探している。

Kalapawai Market
306 South Kalaheo Avenue, Kailua／808-262-4259／6：00-21：00／Map3（P.165）

24 | 米軍のスリフトショップ

Ⓜ ハワイはもともと、アメリカ軍の環太平洋と東南アジアを見守る大切な軍用地として、栄えたところ。以前、そんな話を聞いたことがある。

平和主義を絵に描いたような男っぽいものが、あまり好きじゃない僕だけど、ここには、自分にとって魅力的なものがたくさんある。例えば、レスキューキット（$14.95）やサバイバルキット（$125）、利便性を追求したバッグなどなど。戦争という究極のなかで生きていくためのものは、やはり究極のもので、本当の意味での優れものが多いと思う。

そんなものが雑多に売られているこの店は、寂れた倉庫街の一角にぽつんと位置し、場所も普通じゃ見つけられないようなところにある。でも、とにかく小さい頃、こんなものが欲しかったとかあんなものがあればなーっと思っていたものが、ここにはあり、その本物を手にすることに妙な興奮を覚える。今回、ここを紹介したいと思った理由は、そこにある。ただの戦争もののガラクタ屋と思う人もいるかもしれないけど、僕にとっては心のなかにほんのちょっぴり残った子ども心をくすぐる秘密基地のようなところなのだ。

Military HQ
5 Sand Island Access Road, Honolulu／808-843-0189
Mon-Fri 8:30-18:00, Sat 9:30-17:00, Sun 10:00-16:00
http://www.militaryhq.com／Map4 (P.166)

25 ｜文房具の問屋、フィッシャーハワイ

Ⓜ　ここって倉庫？　というぐらい広い店内に、たくさんの事務用品や文具が並んでいる。しかも、雑に置かれた商品のなかにはホコリをかぶっているものもあったりする。その雰囲気が、なぜか僕は嫌いではない。なんだか現実とは違った場所に来たような錯覚さえ覚えるから不思議だ。

　僕は、学生時代からこのお店を愛用している。というのも、友達にいつもペンや消しゴムやレポート用紙を、借りるというかもらっていたら、紹介されたから。きっとその友達は、迷惑からそう言ったのではなく、親切心から紹介してくれたのだと今も信じている。

　文具の利便性の高さや種類の豊富さは、きっと日本のほうが上をいくと思うけど、アメリカ製の文具には、ありえない色使いや発想のものがあって、僕は大好きだ。例えば、目がチカチカするぐらい派手な蛍光色の付箋や、油性ペンなのにキャップがないボールペンみたいな形のペンなどなど。また、クリップやノート類が、すっごく大量にパッケージされていて、その分、安くしているところなんかも、特におもしろい。こんなに必要ないんだけど、とか逆に不便っぽいかも……と思ったりすることもあるけど、「あっ、こんな根拠でこういう形にしてるんだな！」って、なんとか自分に言い聞かせたりすることも楽しんでいる。

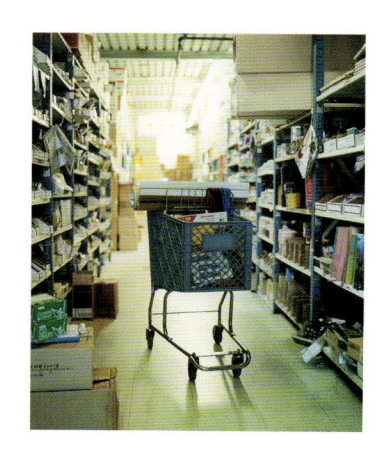

Fisher Hawaii
450 Cooke Street, Honolulu／808-524-8770／Mon-Tue&Thu 7：00-18：00, Wed 7：00-20：00,
Sat 8：00-17：00, Sun 10：00-15：00／http://www.fisherhawaii.biz／Map4 (P.167)

26 | フラ

Ⓐ ハワイでは小さな子どもからお年寄りの方まで、実にさまざまな年齢の人たちが「HULA」を習っている。長い歴史のなかで、一時期は禁止されたこともあった踊り。が、今でも島の伝統的なもののひとつとして、大切に受け継がれている。神様に捧げる踊り、王様に捧げる踊り、と説はいろいろだし、きっと考え方も少しずつではあるけれど違うのではないかと思う。私は正直、細かいことはよくわからないし、踊ることもできない。でも、この踊る人々を目の前にすると、どうしても涙が出てきてしまうのだ。わからないことだらけで申し訳ないのだけれど、実のところこの涙の理由もわからない。でも、こんな愛に満ちた踊りが地球上に存在している。理由は、もう、これだけでいいような気がしている。

先日、マコトの友人ハイディの紹介で、あるハラウ（フラの教室）を見学させてもらう機会があった。夕方6時。教室があるというビルに近づくと、楽しそうな笑い声がもれてきた。「ここだね」と声に出さずして、マコトと顔を合わせ、ドアをノックした。クムフラ（フラの先生）、マイケルと生徒さんたちは満面の笑みというだけでは足りないくらいの、ものすごい笑顔で私たちを迎え入れてくれた。部屋の隅に座り、練習を見学する。一番年が上の人たちのクラスということだけれど、みんな、とても元気。しかも明るい。こんな笑顔には、きっと、そうそう出会えない。そんなことを思いながらみんなの動きに集中する。

「Keep Smile!」とマイケルがみんなに何度も声をかける。すると一段とみんなの笑顔が活気づく。急に私は、かつてハワイ島を訪れた際に見たレイデイの日のフラを思い出した。ダンナさんがウクレレを弾き、奥さんがフラを踊る。ただそれだけのことなのに、今まで見てきたフラとは何かが違った。会場は小さなショッピングモールの特設会場風なところ。こんな陽気なところで、こんな……と思う間もなく、鼻の奥がツンとした。と思ったら、後はもう出てくる涙を拭うのでいっぱい、いっぱいになってしまった。フラは何度も見てきたはずなのに、涙が出てしまったのはこれがはじめて。そんなはじめての経験に自分でもかなりとまどってしまった。以来、フラを真剣に見るといつも涙が出てしまう。特に年配の

人たちのコミュニティーによるものに弱い。意外ときちんとセットされたものよりもこういう練習風景にもグッときてしまう。ボロボロと涙をこぼす私を見たおばさんたちは、不思議そうな顔をすることもなく、「そうよね、泣けちゃうわよね」とでも言うかのように、にっこりと深く口のまわりに皺を寄せて笑いかけてくれた。それがさらに私の気持ちに拍車をかける。もう、全然止まらなくて、ほんと、仕舞いには枯れてしまうんじゃないかと思ったくらい。

　しばらくしてふと教室内を見ると、編集の久保さんはおばさんたちに混じって陽気に踊っていた。まるで今までその輪のなかにいたかのように、ものすごい笑顔で。このパワー（久保さんとおばさんたちの）にまた胸を打たれ、またしても涙。あぁ、ほんと止まらない。

＊ この練習は、実は6月に行われた「キングカメハメハ・フラ・コンペティション」に向けてのものだった。もちろん大会当日、私たちも会場へ行き、彼らの踊りを見守った。安い席のチケットを購入し、ロコに混じって見学。マイケル率いるハラウは、結局、4つも賞を受賞した。内、ひとつはカヒコ部門で優勝もした。25年ぶりにこの大会に出たという、クムフラのマイケル・ピリ・パン。そんな現場に偶然居合わせることになり、最後、大会まで見届けることができた。しかも、その日は私の誕生日だった。

＊ 日記を読み返してみたら、この大会とその練習のことについて記していた。それによると、「私はこの静かな強さと優しさ、雄大な温かさを併せ持つ、フラの力に惹かれているんだと思う」と書いてあった。その日の夜に素直に書いた言葉。今のところ、それが一番の好きな理由なんだと思う。

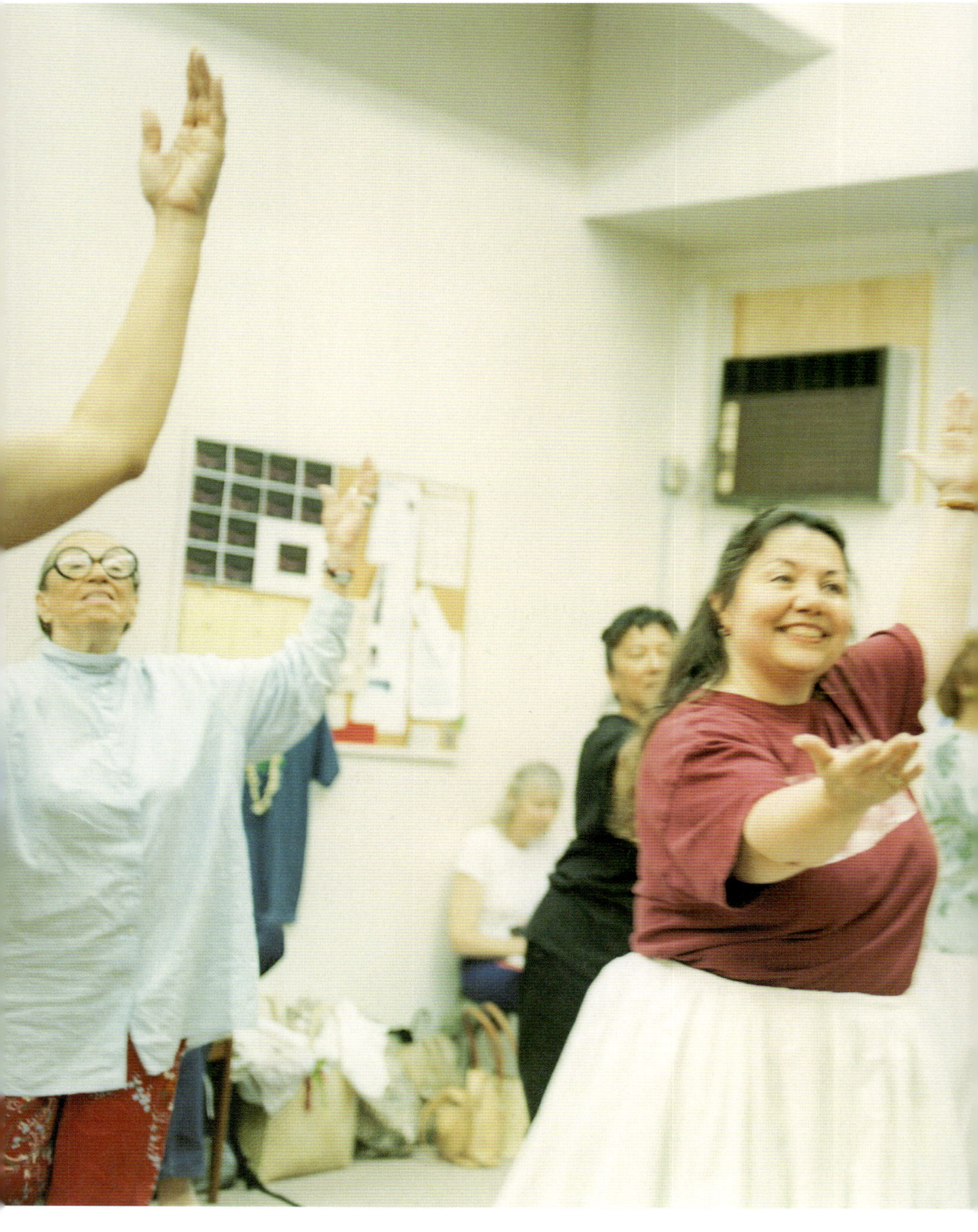

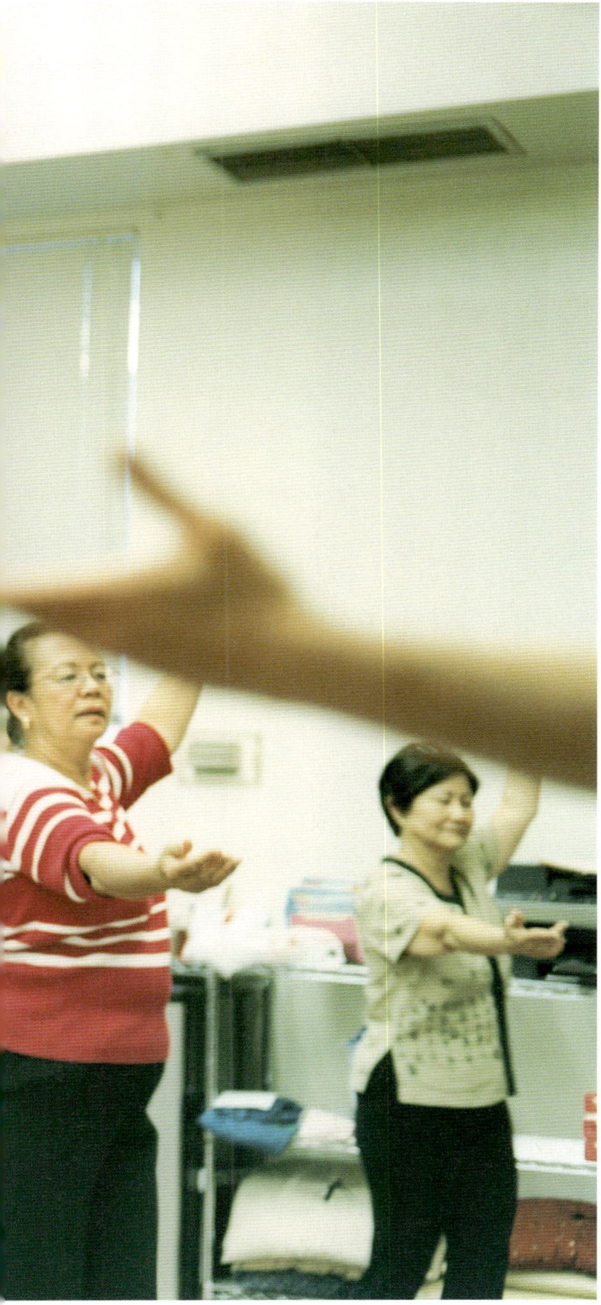

27 | ビショップミュージアム

Ⓐ カメハメハ王家、最後の直系子孫にあたるパウアヒ王女。彼女の死後、夫である、チャールズ・リード・ビショップ氏が追悼記念として建てたもの、それが「ビショップミュージアム」。当初は、王女が相続した王家伝来の美術工芸品を収集する場として設立されたそうなのだが、やがてハワイと太平洋地域に関する歴史資料や文化遺産を含むコレクションが収められるようになったとか。そんなわけで、今では、世界の10大自然博物館のひとつに数えられるように。

　私が毎回ここを訪れるのは、敬愛するリリウオカラニ女王（P.60）の遺品とハワイ王朝にまつわる美術品や肖像画を観ることができるから。古い洋館のような建物を入ってすぐ左手の部屋、カヒリルームには歴代の王様たちの肖像画が、右手奥のハワイアンホールにはリリウオカラニ女王が作ったハワイアンキルトや、当時身につけていたとされているアクセサリー類が展示されている。だいたいここを行ったりきたり。疲れると庭に出て、芝生に座り、しばし休憩する。そんな午前中を過ごすことも少なくない。

　ところで何がうれしくてこう毎回観に来てしまうのか、実のところ自分でもまだわからない。けれども、リリウオカラニ女王をはじめとする王家の人々の写真や肖像画を観ていると、なぜこの土地にこんなにも人を惹きつけるパワーがあるのかが、なんとなくだけれどわかるような気がしてくるから不思議だ。

　数時間、ここで静かに彼らとときを過ごし、満足するとまたホテルへと戻る。ミュージアムを後にするときは、なぜだかいつも胸が締めつけられるような想いでいっぱいになる。まだまだ、もっともっとハワイについて知りたいことはたくさんある。

＊入り口右手中央のハワイアンホールにあるステージでは、古典フラと現代フラが上演される。
　ワイキキで見かけるそれとは少しばかり空気感の違うフラは見る価値大！

＊ビショップミュージアムは庭も気持ちがいい！
　ハワイの植物もたくさん植えてあり、それを解説してくれるツアーもある。

＊ここのミュージアムショップはハワイに関する本やカードといったものが充実している。
　私は毎回なんらかの本を購入。ほとんどがハワイの歴史関係。

Bishop Museum
1525 Bernice Street, Honolulu／808-847-8291（日本語対応）／9:00-17:00／Tue closed
入館料$15.95／http://www.bishopmuseum.jp／Map4（P.166）

右＞
1902年、ニューヨークで座礁したクジラを
引き取ったときのもの。
天井を覆いつくす大きさには思わず息をのむ。

下∨
リリウオカラニ女王にまつわる記念の品々が
展示されているガラスケースの中でも
ひときわ目立つのがこのキルト。
ハワイの国旗を
わざと逆さまに刺繍することで、
王朝時代をしのんだとされる一枚。
この時代のキルトに多く見られるスタイル。

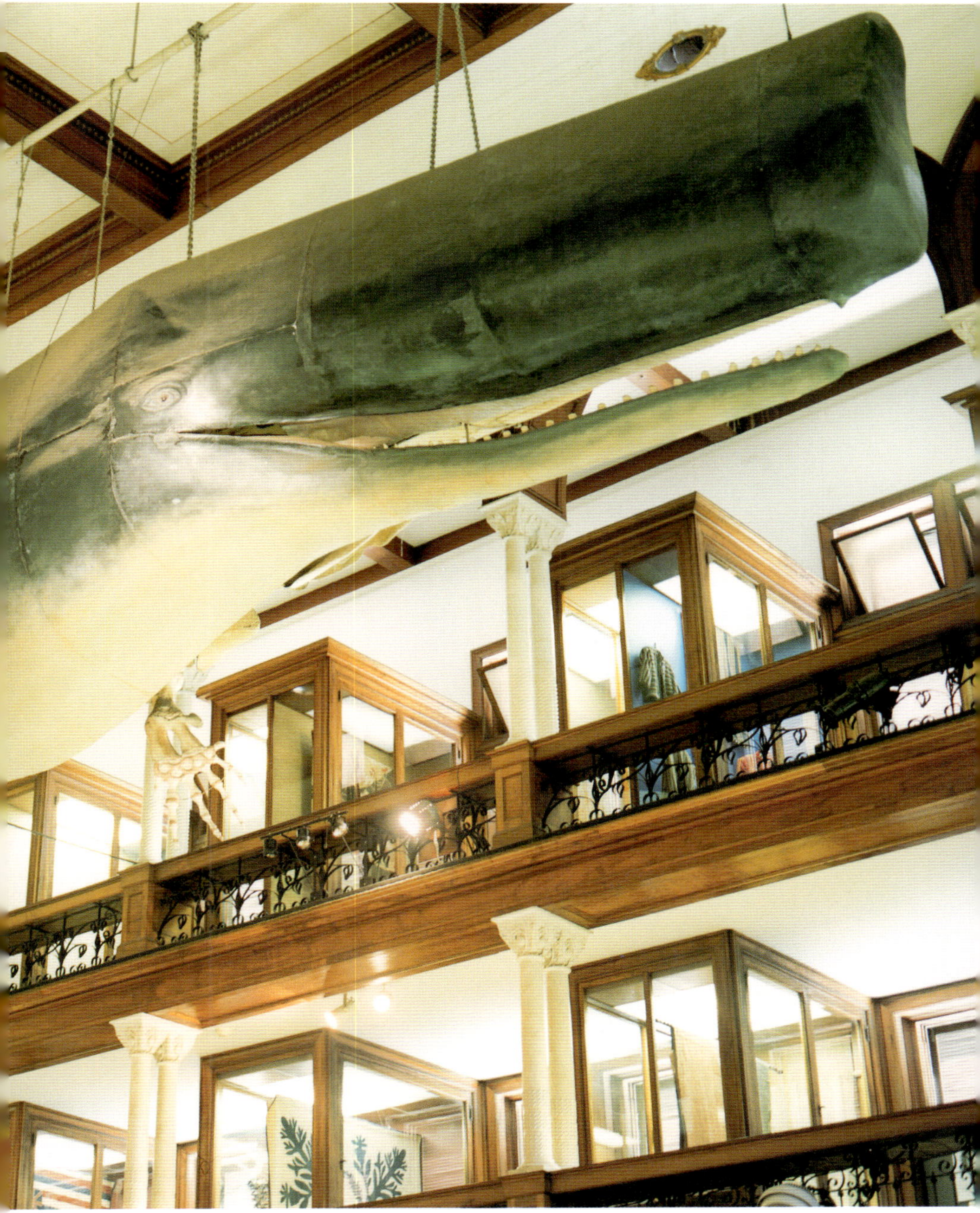

28 | ダイヤモンドヘッドビーチ

Ⓜ はじめてハワイに来たとき、一番最初にホストファミリーに見せてもらった海が、このダイヤモンドヘッドビーチ。そのとき、ここの展望台から見た海は、青や水色やコバルトグリーンや紺やいろんな色が混ざっている、見たことのない海だった。小田原生まれの僕にとって、海は前々から当たり前のものだったけど、その色のコントラストにすごいインパクトを感じたことは、20年経った今でも鮮明に思い浮かべることができる。ホストファミリーとは、時間の経過とともにすっかり縁がなくなっちゃったけど、僕にとってこの海はハワイになくてはならない海になった。

大学に通っていた4年間（正確には卒業するまでに5年かかっちゃったけど）、1年365日のうち少なくとも265日は、この海に入っていたか、見に来ていた。そして、その間、サーフィンのテクニックのひとつひとつをこの海で習得していった。ちなみに、この海は風の強い日が多いせいか、たいてい波が荒れているし、流れも強い。　基本的にハワイの海は、きれいで穏やかそうに見えても、流れが強かったり、波も見た目以上にパワフル。ハワイの人たちはそれを知っているため、僕らが想像している以上に海をリスペクトしているんだ。

そして、僕も、ちょっぴりそれにあやかって、今でもハワイに着いたその日に、最初に挨拶に行くのがこの海で、どんなにコンディションが悪くても、海に入った瞬間「やっぱ超気持ち〜！」と歓声を上げてしまう。アカザワさんが「ダイヤモンドヘッドが気になる」って言ったときも、すっごくうれしかった。きっと、そういうところから、このうれしさが来てるんだと思う。

Diamond Head Beach ＞Map5（P.169）

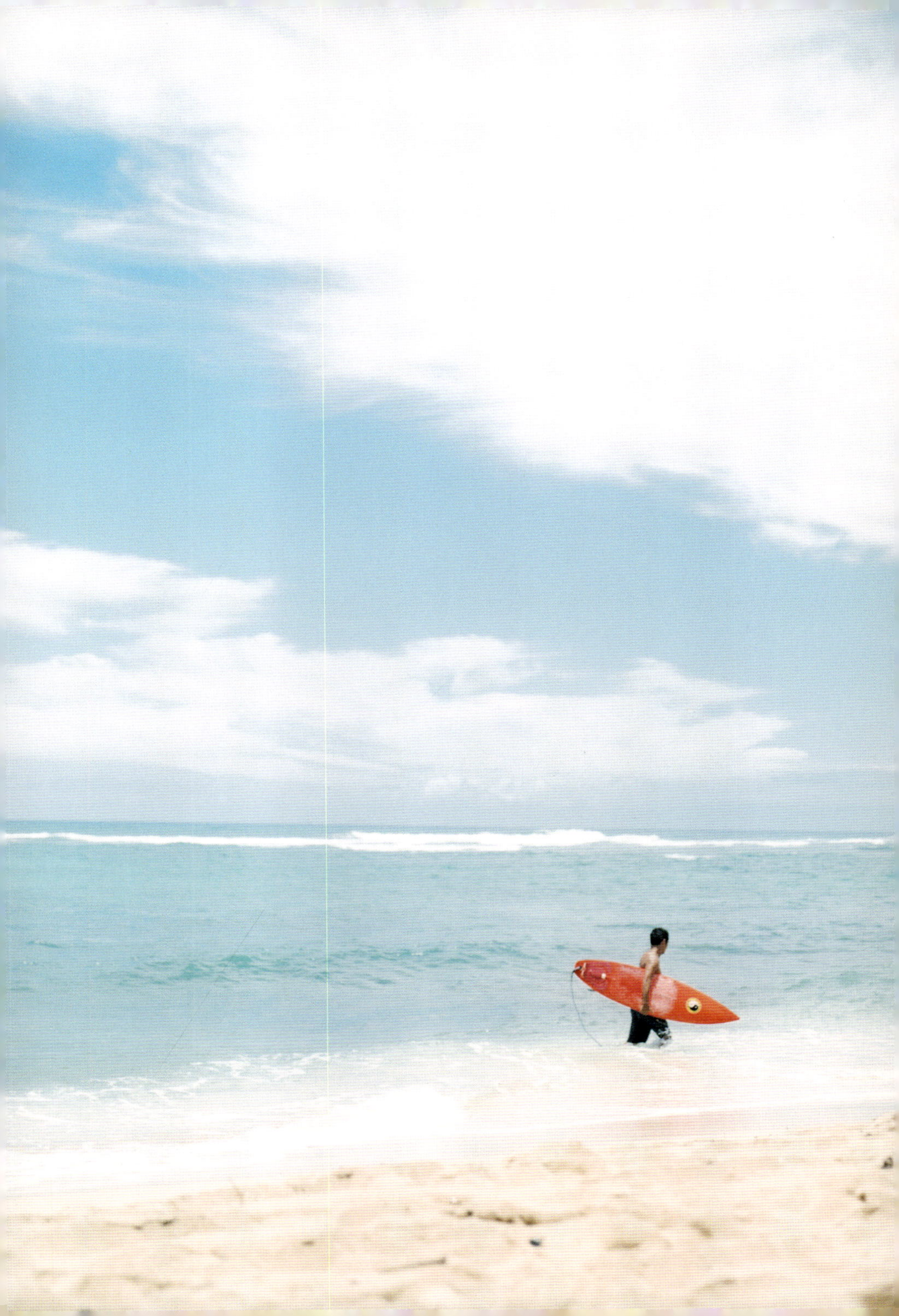

29 ｜ コンテンポラリーミュージアムの庭とカフェ

Ⓐ 遠くダイヤモンドヘッドとワイキキビーチを見下ろす、タンタラスの丘に建つ「コンテンポラリーミュージアム」。低い瓦屋根が続く、長い平屋は、ハワイらしさとはまた少し違ったものだなというのがはじめて訪れたときの印象。そのときは確か、常設のデビッド・ホックニーを観るのが目的だった。が、その目的はあっけなく新たな目的へと変化した。

庭がすごい。なだらかにカーブを描く小山がいくつか折り重なった庭には、ふっくらとやわらかな芝が行儀よく生えている。大きく枝を広げたモンキーポットの木陰に座ると、ゆっくりと海から上がってくる風がすーっと横を通り抜けていくのを感じた。眼下には、木々で囲われ額装されているかのようなダイヤモンドヘッドと海が広がっている。またしても新たなるダイヤモンドヘッドポイントを見つけてしまったのだ。以来、ここへ来ると真っ先に庭に出て深呼吸する。そんなことが数回続いた。

ところが久しぶりに訪れた庭に変化があった。庭の木々が茂りすぎて、海はおろか、ダイヤモンドヘッドも見えるか見えないか、危うい感じだ。マコトによると、

ここ数年、庭造りに力を入れているため、木の成長を大事にしていて、こういった事態になっているとのこと。海から上がってくる風もやや微力になりつつあるように思えた。

　仕方なく、カフェでお茶をして気を取り直すことに。ところが、それがよかった。単純な私はここで復活した。注文したSalmon Patty Burger（$10）が想像以上においしかったのだ。ホームメイドのサーモンパテは、ほんのり甘くてとろけるおいしさ。キュッと絞ったレモンがそれにさわやかさをプラス。編集の久保さんが注文したBlack Bean Burger（$9.75）も見た目は真っ黒で一瞬どうかと思ったが、これもかなりイケた。その名の通り、黒豆をつぶして粗めのペースト状にしたものをレタス、トマトなどとサンドしているのだが、豆の優しい味わいが何にもつぶされることなく発揮されている。ひと口いただいて、こっちにすればよかったと思ったほどおいしかった。

　ふたつのおいしさを味わい、再び庭に出ると、生い茂る庭の木々もなんだかよく見えてくるから不思議だ。単にお腹が減っていて、庭もそう見えてしまったのではないか。そう思われても仕方がない。実際、そんな気もする。いずれにせよ、好きだった場所は、また好きな場所にとどまった。今度来るときはどんな景色が望めるのだろうか。楽しみだ。

The Contemporary Museum
2411 Makiki Heights Drive, Honolulu／808-526-1322／Tue-Sat 10:00-16:00, Sun 12:00-16:00, Mon closed／入館料$5／Map4（P.167）

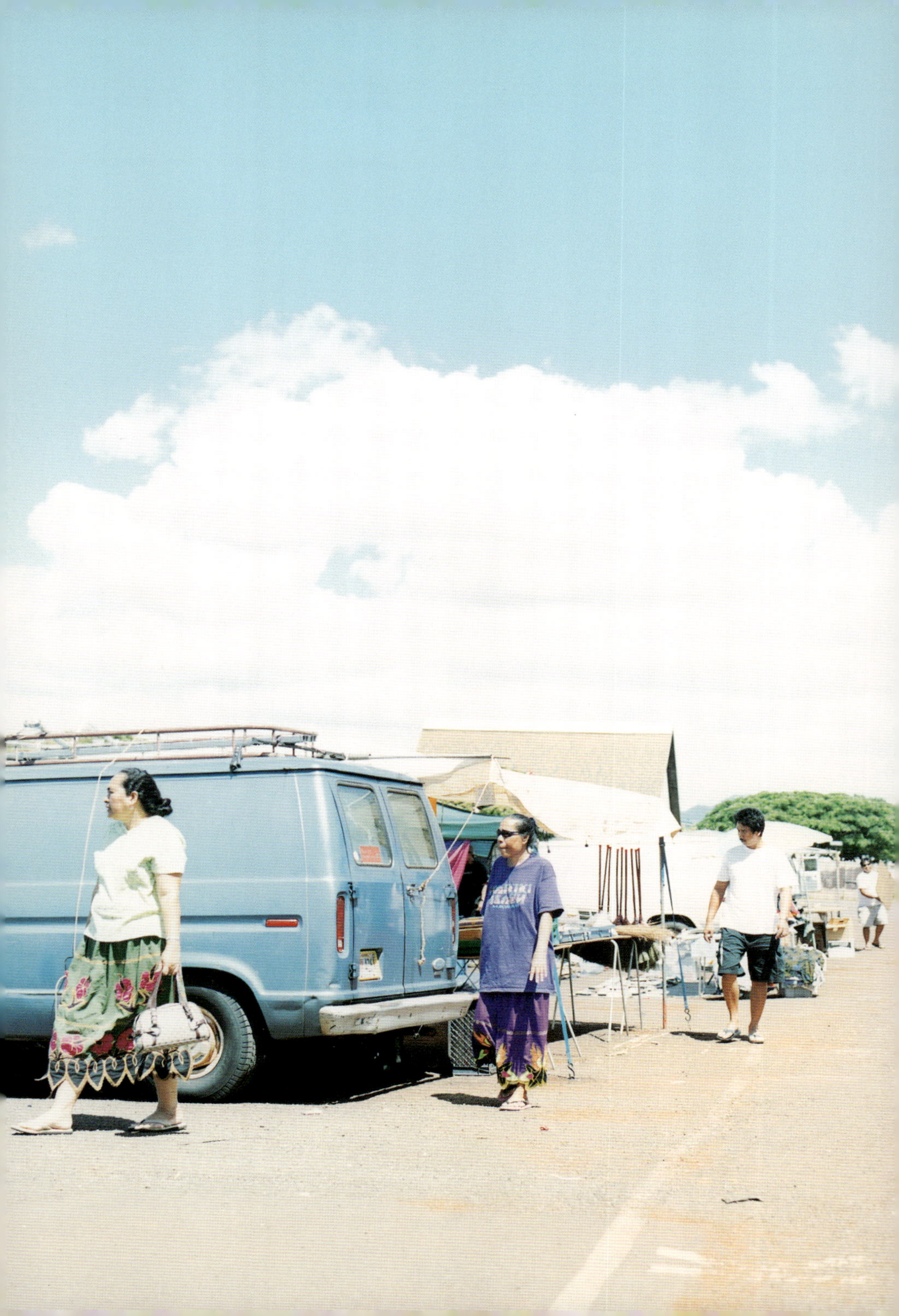

30 | スワップミート

Ⓐ 古いものが好きなうちのダンナは、日本でもよく近所でやっているフリーマーケットやお寺の境内などで行われている日曜市などをのぞくのが大好きだ。それにつき合い、私もよくそういう場所に出かける。ハワイでも、もちろんそういう習性が変わることはなく、フリーペーパーに掲載されている情報を頼りに、バスで行くにはどうかと思うほど、とんでもなく遠いところまで出かけたりする。結果、行ってみたら空き地で何もやっていない、なんてこともままあった。

カムスーパースワップミートやアロハスタジアムで行われるスワップミートは、観光客にもかなり有名なポイント。ごくたまにだけれど、我が家も思い出したときにはちょこっとのぞいてみる。これが意外といいものに出合うこともあるから侮れない。特にカムスワップミートは、完全にハワイで暮らす人向けのスワップミートだから、畑でとれた野菜あり、調味料関係あり、家で使わなくなった電球やじゅうたん、スリッパなど、びっくりするほど予想外のものにも出合える。それがおもしろくて結構こっちばかりに足が向いてしまう。値段もどちらかといえば、もともと安いけれど、さらにこちらのほうが安い。今回は、私好みの魚が一面にプリントされたアロハシャツを$3で購入。やったね。

スワップミートには早朝、まだ暗い頃から出かけていいものをゲットしようという人が多いが、私はその逆。あまりそこでムキになって何かを探し出そうと思っていないからだろうけれど、ゆっくり出向いて、人が少なくなったあたりでのんびり探す。そのほうが店の人たちも親切だし、余裕があるから値引きもしてもらいやすい。早朝より損なのは、日差しが強いことくらい。日焼け好きの私には、それさえもあまり気にならない。スワップミートはゆっくりと出かけ、のんびり歩き回って楽しむべし、なのだ。

Kam Super Swap Meet
98-850 Moaralua Road, Aiea／808-483-5535／Wed&Sat-Sun 5:00-12:00／入場料$0.50
Map2 (P.164)

31 ｜おみやげのチョコレート

A 甘いものは正直それほど好きではない。それよりは肉のほうが断然好きだ。そんな私でもときどき、ほんのときどきだけれど、無性に甘いものが食べたくなる。

ハワイのチョコレートといえば、「Honolulu chocolate company」といった高級なものもあるけれど、やっぱり、ABCストアやロングスドラッグスにうず高く積まれているおみやげ専用っぽいチョコレートを思い出す。個人的にもずいぶんと長い間、会社専用のおみやげものとして重宝していたものだったが、ある日、またあのときどき甘いものが欲しい気分に襲われ、おみやげと一緒に2個入りの小さなパッケージのものを買ってみた。キャラメルと小さく砕いたナッツが入っているもの（$0.85）と、クランチと砕いたマカダミアナッツが入っているもの（$0.85）、このふたつにしてみた。

部屋に戻ってさっそく試食。値段も値段だし、とまったく期待していなかったからか、食べた瞬間に驚いた。おいしい。チョコレートとキャラメル、そしてチョコレートとナッツの割合がどちらもちょうどいい。そしてちゃんと甘いところも気に入った。最近、甘すぎず……というフレーズをよく聞くが、甘いものはちゃんと甘いほうがおいしいと思っているほうなので、これもよかった。

こうしてこのふたつ入りのおみやげチョコレートは、現地でのちょっとした甘いもの補給用と帰国時の飛行機用とに役立つスイーツとなった。おみやげとしても適当に選ぶのではなく、ちゃんとこのキャラメルとクランチが入っているものを選んでいる。

ABC Store＞ワイキキ界隈ならたくさんある
Longs Drugs＞P.14

Hawaiian Host
THE ORIGINAL
MAUI
CARAMACS
Hawaiian Host
CRUNCH

32 | スヌーピー

Ⓐ　小学校2年生のときに近所の本屋さんで買った『スヌーピーのだいぼうけん』(ツル・コミック社)。これがグッズではなく、本としてのスヌーピーとの最初の出合い。それからお小遣いが貯まると、1冊ずつ買い足していた。

　ハワイのアンティークショップに出かけるようになってから、再びスヌーピーと出合った。まったく同じではなかったけれど、覚えのある物語とイラストに感動。しばらくしゃがみ込んで、何冊かパラパラとめくってみた。そこには今まで日本で目にすることのなかった鮮やかなスヌーピーたち「ピーナッツ」の世界があった。うれしくなった私は気に入ったものを2冊購入し、日本に持ち帰った。

　実家に戻り、ずいぶんと触ることのなかった本棚を見てみると、ありました！懐かしいスヌーピーの本たちが……。引越しなどで、数こそずいぶん少なくなっていたけれど、母は捨てずに取っておいてくれたのだ。何度も読み返していたのか、表紙ははずれそうだし、中もボロボロ。気に入ったフレーズには線まで引いてあって、恥ずかしくなった。けれども、懐かしい本と再会したことで、気持ちは幼い頃の自分へと一気に引き戻された。

　以来、どこかで目にすると必ず手に取り、気に入ったお話のものを購入してきた。ニューヨークやサンフランシスコでも何冊かお目にかかることができた。でも、やはりここ、ハワイでのほうが断然好きなものに出合う確率が高い。

　スヌーピー好きは本だけにとどまらず、アンティークショップに行く目的のひとつになったのは言うまでもない。これまでハワイで出合ったスヌーピーは、枕カバー、ベッドカバー、ペンケース、ビデオ（なんとスヌーピーやチャーリー・ブラウンが動くのです）、ボトルキャップなどなど。いずれも愛用品となっている。

PEANUTS ©United Feature Syndicate, Inc.
www.snoopy.co.jp

33 ｜ハイアットリージェンシーホテル

(A) ハワイにはたくさんの名立たるホテルがある。ハワイに行くんだけど、どこに泊まるのがいい？ とよく聞かれるけれど、正直、どこをすすめたらいいのか困ってしまうことが多い。人それぞれに旅先で滞在する場所を選ぶ基準が違うと思うからだ。私の場合は、居心地のよさはもちろんで、ハワイらしいという言葉に見合う場所（眺めや部屋の造り、風通しとか）かどうかということが一番大切なことだったりする。

　カラカウア通りでもひときわ目立つツインタワーが、大好きなホテル、ハイアットリージェンシー。まずなんといっても部屋からの眺めがいい。大きな窓にはまる海とダイヤモンドヘッドのバランスがものすごくいいのだ。実はほかのホテルで何度か試してみたけれど、ダイヤモンドヘッドが近すぎたり、遠すぎたり。あるいは、海の見え方が近すぎたり……と、どうにもよくない。しかし、ここはすばらしい。いつ来ても海までの目線の高さといい、ダイヤモンドヘッドとの距離、角度。文句のつけようがない。とはいえ、すべての部屋からそれが見えるというわけではない。いろんな角度があるのだから当たり前だ。一番いい角度は、ダイヤモンドヘッドタワーのほうの部屋番号の末尾が64か65の部屋。これが一番。あと

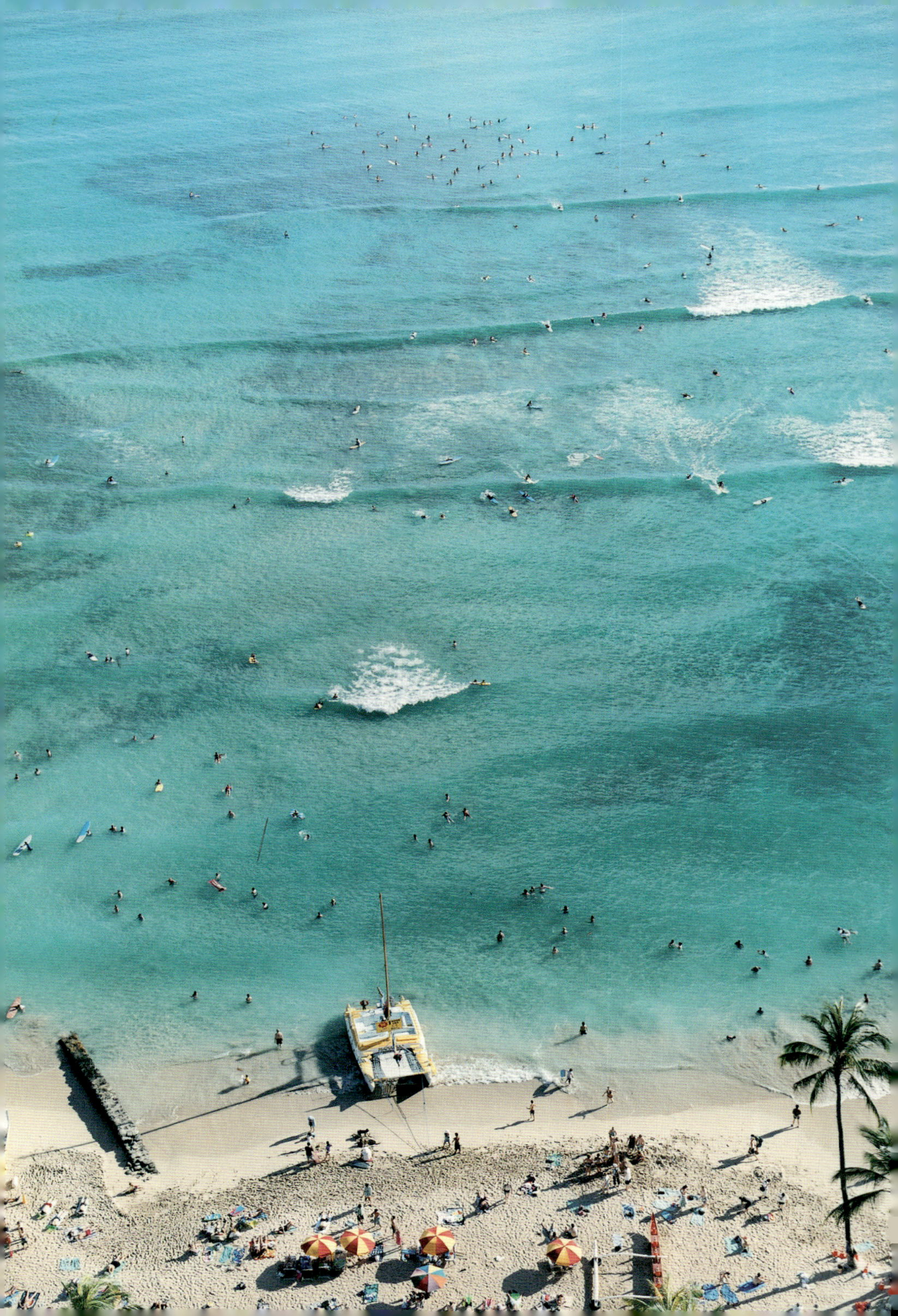

は20階以上であれば、オッケー。ベランダでビールを飲みながら日がな一日その景色を眺めていたって飽きることはない。それくらいいいのだ。

それと、中心にあるようだけれど、わずかにホノルル動物園（P.132）寄りだし（微妙に中心よりも静か）、いつも乗るヨット（P.48）は目の前にあるときている。さらに、ダイヤモンドヘッドタワー内にある、アンティークのフラガールが並べられたショーケースがいい！　これまた何度見ても飽きない。両脇に置かれた椅子に座り、横からしばらく眺めては、しゃがんでみたり……、さまざまな角度からも見てみる。どれもかなり古いものなのだろう。大切に保管されている様子は、いつ見てもとても好ましいと思う。

そんなこんなでこのホテルを選び、滞在することが多い。部屋がシンプルで落ち着いているところも気に入っている（上のほうの階にはちゃんともっと豪華な部屋があるらしい。そこに宿泊すると最上階のジャグジーも使えるし、フリーのラウンジも利用できるとか。もちろん、利用したことはない）。普段から寝つけていないようなところで寝るのは、いくらリゾートとはいえ、少々無理がある。そういう点からしても我々夫婦にとってここは、不自然さがない居心地のいい場所なのだ。

Hyatt Regency Waikiki Resort & Spa
2424 Kalakaua Avenue, Honolulu／808-923-1234／http://www.hyattwaikiki.jp／Map5（P.168）

34 | ステーショナリー

(A) 仕事柄、ノートやペン、のり、便箋、封筒、ファイルなどはいくらあっても無駄になることはない。でも、日本ではなかなかいいなと思うものと偶然に出合うことがないので、いつしか、なくなったらどこか目についた店でそれらを買い、間に合わせてきた。しかし、やはり仕事で使うもの。ほぼ毎日、目にするであろうそれらが、どうでもいいものでいいわけがない。かといって、気に入ったものが見つかるまで広い東京を右往左往する気にもなれない。そう思い続けていた。

ハワイでは気が向くと、ハワイらしいプリントが施された便箋やいわゆるおみやげ屋さんにありそうな、おちゃめなペンやノートを買ってきてはいた。けれどもなんとなくもったいないような気がしていたのか、買ってきては、机の奥底に大事にしまいこんでいたのだ。ある日、引越しのために整理していたら、少しずつ溜め込んでいたノートやファイルがごっそり出てきた。あ〜、もったいない。なんで使わなかったんだろう。貧乏性の自分を恨んだ。それから数年。あっという間にそのときの文房具は使い込まれ、すでに何度も買い足している。

ハワイの文房具類は、いい意味で粗野なところがいい。値段も安い。便箋のイラストは、見たこともないくらい古めかしいものが平気でプリントされていたりする。けれども、それもまた「あばたもなんとか」ってことで、よく見えてしまうのだから仕方がない。

ハワイに来るたびに買うもの。請求書を出すための封筒と便箋、それに封をするためのスティックのり、取材用のノート、おみやげを包むための薄紙（パイナップルとかがプリントされているもの、カラフルすぎる色のものなど種類もいろいろ）、資料を分けるファイル（紙でできていてカラフルなものがお気に入り）。ほんと、便利です。

Longs Drugs > P.14

グリーンのノート（$2.17）、オレンジのノート（$2.96）、フラガールの便箋（$2.49）、ファイル（各$1.39）、スティックのり（各$0.49）、黄色い薄紙（$1.79〜）など。

35 | ハワイアンムーンフィッシュ

A またの名を「オパカパカ」。なんとも愛嬌のあるネーミングに惹かれ、海辺のレストランでオーダーしたのがきっかけ。以来、レストランで魚を、というときは、コレと決めている。

　かなり個人的だが、この魚と一番相性のいいソースは、レモンケッパーバターだと思っている。ガーリックしょうゆバターやシンプルに塩、こしょうでも充分おいしいのだけれど、さわやかなレモンの酸味とケッパーの独特の味を合わせたソースは、ふっくらとやわらかな白身によく合う。しかも白身魚にしては、さっぱりしすぎていないのも、私の好み。ほどよく脂ものっているのだ。大きめの皿にジューシーに焼かれ、レモンケッパーバターソースをたっぷりかけたオパカパカとざっくりと手でちぎったような葉物のサラダ。それに1スクープのブラウンライス。これが最近一番のお気に入りプレート。皿全体に広がりつつあるソースがブラウンライスにも染み込んで、なんともいえないおいしさなのだ。

　ハワイのごはんはまずいだなんて誰が言ったのだろう？？？　こんなにおいしいものがあるのに……。

36 | モイ

　昔、まだハワイが王朝時代だった頃、特別な王族のみが食べられるお魚として、モイがあったそうです。海に関するカプ（タブー）によって、なかなか食べるチャンスがなかったそう。もちろん、今では誰もが食べられます。とってもやわらかい白身魚で、お箸を入れるだけで身がぽろぽろとほぐれてしまいます。それでいて、とってもジューシーなので、僕はハワイのお魚のなかで、モイが一番好きです。この魚を蒸して、ショウガのせん切りをのせ、（たぶん）ショウガじょうゆをかけた料理は、特にオススメです。

　実は、あまり得意ではないパシフィックキュイジーヌといわれているレストランに行くと、必ず最初に探し、ほかに気に入ったものがなければ、この魚の料理を注文します。もともと、とっても魚好きなので（つまり肉も魚もです）、どんな魚も好きなのですが、このパシフィックキュイジーヌの味つけに関しては、全体的にちょっぴり甘めなので、個人的にはせっかくのお魚の味が活きないことが多いように思えて……。そうなると、そのなかでも本当にその身自体がおいしいモイを注文してしまうのです。どのメニューがモイかわからないときは、" Which one is a dish for Moi? "とオーダーすれば、たぶんありつけます！

ワイマナログリーンサラダ（$8.50）
レモネードジュース（$2.75）

37 | タウンのサラダ

Ⓜ 1年ほど前、「ちょっとハイカラなレストランがカイムキにできた！」というんで、このお店に訪れたのが最初。でも、日本にあるレストランに比べると、たいしたことはない。お金のかかってない内装で……（笑）。

そんなことより、サラダがめちゃめちゃおいしくって、お気に入りの店になった。特に食事に気をつけてるわけじゃないし、ベジタリアンになりたいとか、健康食志向だということでも全然ないんだけど、純粋に最近、有機栽培のものとか、素材にこだわったお店にはよく足を運んでいる。

自論だけど、最近の食べものって、昔の食べものに比べてやっぱり栄養素が少なくて、本来持っているそのものの味が薄れかけているような気がする。あと、僕らが求めるおいしいものって、今までの自分の生きてきた経験の積み重ねで決まってくるんで、どうしても昔の味っていうか、小さい頃食べた味を求めちゃったりするんだろうな〜って思う。そう考えると、もちろん味つけも大切だけど、素材に自信を持ってるお店って、やっぱり自分にとっては、気持ちいい、オススメのお店になるんだろうな。だから、ここにも、ちょっとオシャレだからというより、野菜をもりもり食べたくて来てしまう。

Town
3435 Wai'alae Avenue, Honolulu／808-735-5900／7：00-21：00／Sun closed
Map5（P.169）

38 | オノハワイアンフードのセリのスープ

(M) 本来ハワイアン料理の調味料は、塩だけだったそうだ。塩だけで、さまざまな料理の味つけをしていたということは、その素材の味を本当に大切にしていたんだなと思う。すごい！

さて、有名だよね、このお店。実際、僕らもいろんな媒体やメディアに紹介しているし、ちょっとハワイに詳しい人なら絶対知っている。ワイキキからもそんなに遠くないし、昔からあるし、いつも行列ができてるし、店、汚くて狭くて、味がある。にも関わらず、以前はハワイに住んでいながら、たまにしか行かないお店だった。誰かに「ハワイ料理食べた～い」って言われたら連れて行く程度で、自分から行きたいと思ったことはなかったような気がする。でも最近、ハワイに行ったら一度は食べたいと思うお店になった。別に僕がハワイアンになったわけじゃないけど、きっとお気に入りのメニューを見つけたからだと思う。この店で僕的に「うっめーー！」って思えるのは、ごく最近知った「セリのスープ」。きっと塩と豚だけで作ったスープに、山盛りのクレソン（メニューには「セリ」となっているのに…）をのせて出している、とっても単純なメニュー。でも、本当にこのスープとごはんだけで、僕は全然いいぐらい。ついでに、そのスープが好きになったら、ほかの料理も好きになっちゃった。こういう経験は今までほぼ皆無だったけど、自分にとっては本当にうれしい変化だ。

もし、ハワイによく行くけど、「ハワイアン料理は苦手」って思っていたり、「前にも行ったことがあるし」って思ってても、だまされたと思ってもう一度行ってみて。きっと違う味が見つけられると思うよ。

Ono Hawaiian Foods
726 Kapahulu Avenue, Honolulu／808-737-2275／11:00-19:45／Sun closed
http://www.geocities.com/NapaValley/9874／Map5 (P.169)

PEPSI
ONO HAWAIIAN FOOD
726
OPEN
WARNING
MERCHANT SECURITY & ALARM INC.

セリのスープSalt Meat Watercress（$9／写真左）、
タロイモの葉で豚肉を包んだ郷土料理ラウラウなどの
コンビネーションプレート（$12.50／写真セリのスープ以外）。

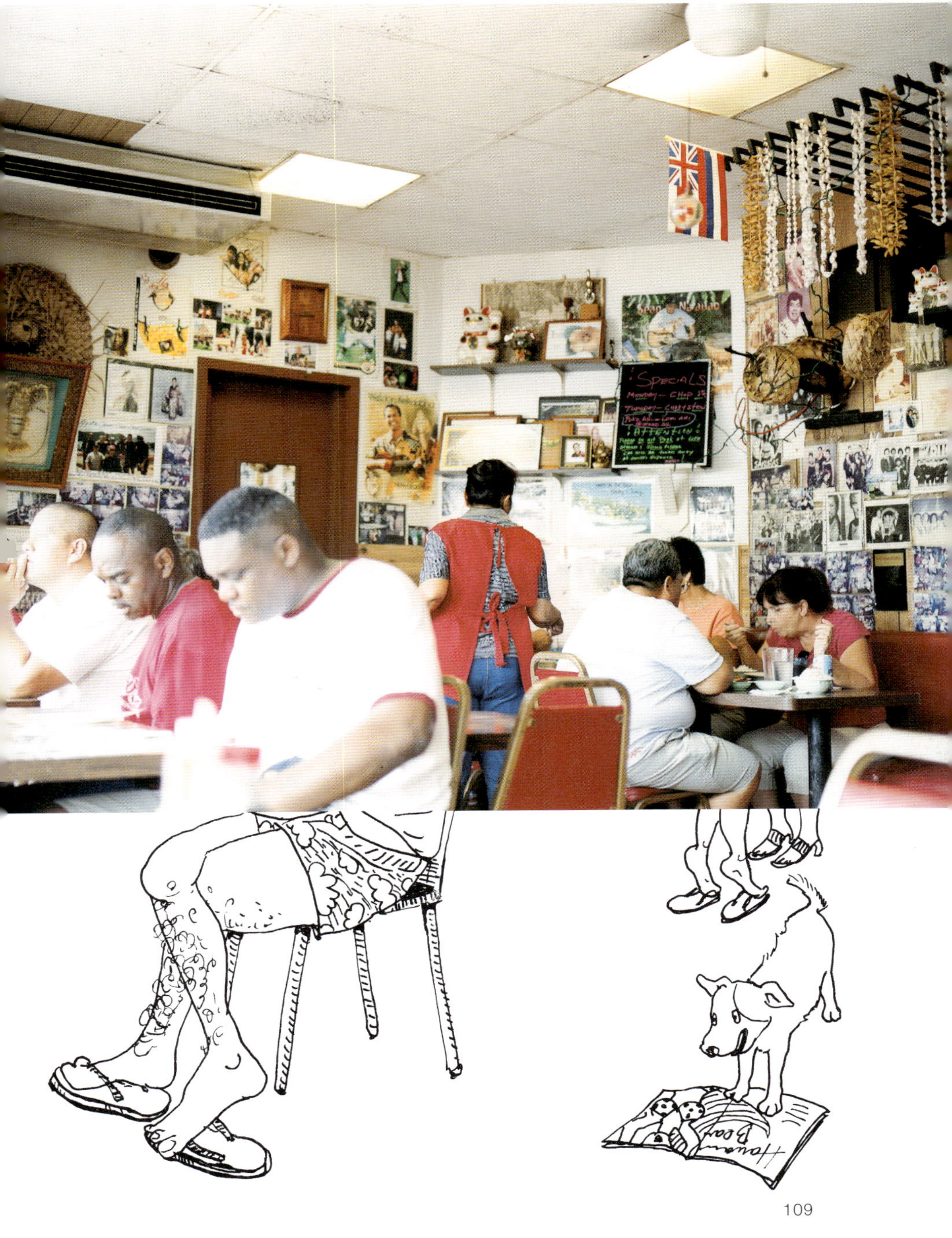
SPECIALS
ATTENTION

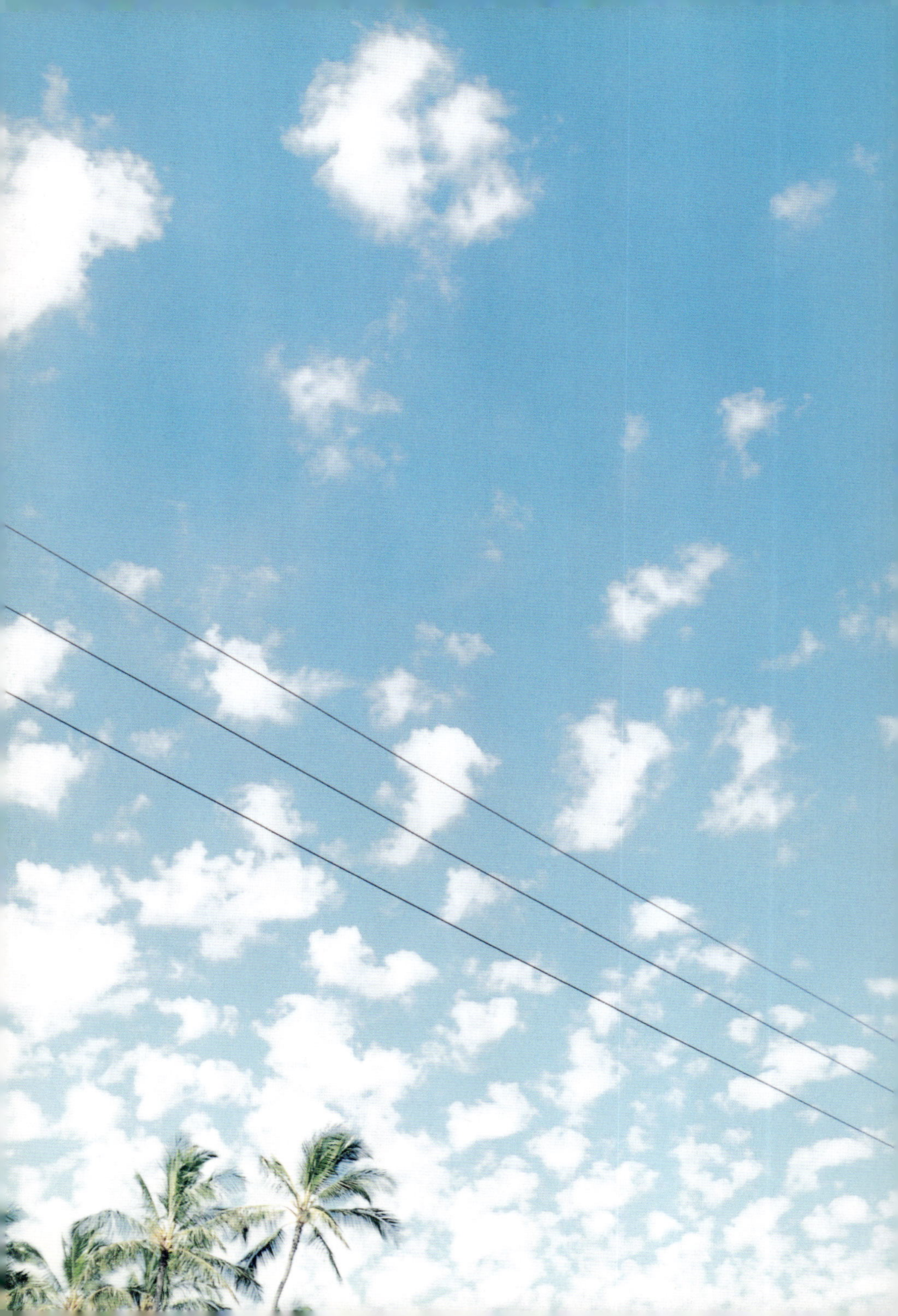

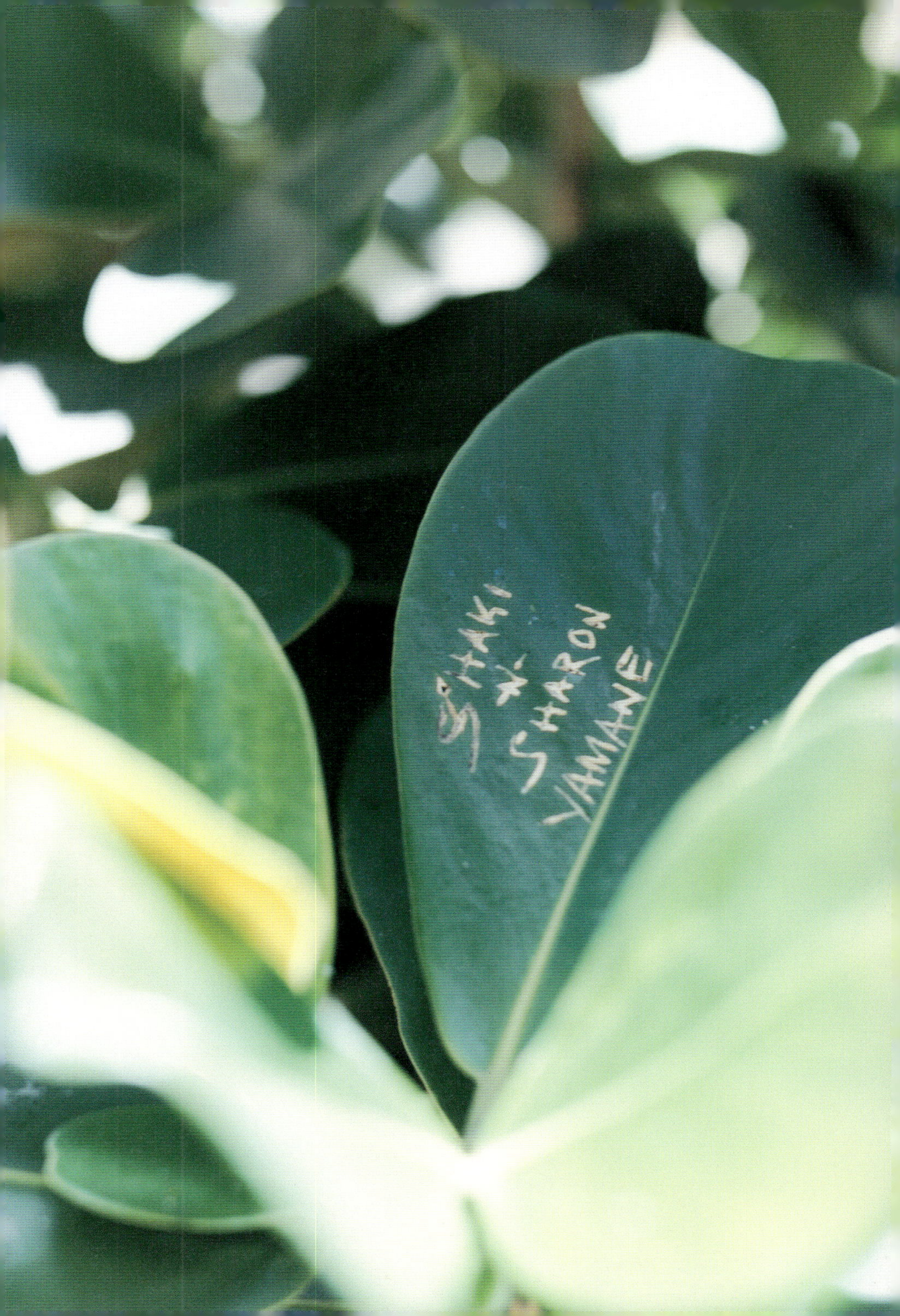

39 | ハワイアンソルト

どこのスーパーでも必ず置いてあります。
おみやげ屋さんでは細長い筒に入って売っていたりもします。1袋$1.49前後。
Food Pantry＞P.30

Ⓐ　スーパーで販売している塩は白いものもあるけれど、このオレンジ色ででっかい粒のものもよく見かける。ハワイ島の土の色が赤いので、自然ととれる塩の色もこうなったとか。色はともかくずいぶんとたくさんのミネラルを含んでいるとのこと。体にいいかもと、さっそく日本に持ち帰り料理に使ってみた。が、あまりおいしくない。当時、あまり料理などすることがなかったせいもあってか、どうにも不自然なくらい変な味わいとなってその塩味のものは食卓へと運ばれた。以来、ハワイの塩で料理をすることはなくなった。

　先日、仕事でお世話になっているオーガニックに詳しい女性から、塩は住んでいる場所に近いところでとれたものを使うのがいいという話を聞いた。詳しくは覚えていないのだが、そのほうが体に無理なくなじむのだそうだ。あまりにわかりやすい話に妙に納得。だから、ハワイの塩とは相性が悪かったのか、と決め込んでいた。

　ところがある日、そんな思いを覆すできごとが起こった（大げさですね、すいません）。日曜日の昼間、パスタをゆでようとお湯を沸かしていたときのこと。いくら探してもあるはずの塩がない。いつも使っているおいしい塩をこのたっぷり沸かした湯に入れるほど、ぜいたくなことができる勇気もなかった。ふと、ずっと置きっぱなしにしてあったオレンジ色の塩が目に留まった。う〜ん、どうしよう……と迷ったのはほんの数秒。気がついたら袋を開け、ひとつかみ、鍋の中に塩を放り込んでいた。パスタをゆでるときはそこで塩加減をするくらいの気持ちで塩を入れ、ゆで上げるのが好きな私。今回はどうだったか、正直不安な面持ちでパスタをざるに上げた。できたてのトマトソースにからめ、トングで皿に盛りつける。「うまそ〜」ダンナが奥の部屋からにおいをかぎつけて出てきた。フォークでパスタをからめ、口に運ぶダンナを恐る恐る、見る。いつもと変わらずニコニコしながら食べ続けている。う〜ん、どれどれ、私も食べてみるか。あれ？　おいしい！　いつも使っている日本の塩より断然おいしい！　なんだ、こうやって使えばよかったのかぁ。こうしてオレンジ色の塩は我が家のパスタをゆでるときの専用塩となった。でも、きっともっとおいしい使い方があるはず、と信じてやまない今日この頃。この粒が細かかったり、薄かったりするものがあったら、もっといいのかもしれないなぁ。

40 | アンティーク1

　Ⓐ　古いものが好きになったのは、うちのダンナのおかげ？　というか、せい？　繰り返すようですが、うちのダンナは古いものが大好き。特に中古レコードと古本には目がない。休みの日は一日中、中古レコード屋と古本屋をぐるぐる。家にいるかと思えば、古いレコードを磨いたり、古本を日陰干ししたり……。そんなダンナと一緒にハワイに行くようになってからというもの、行くところといえば、ほぼアンティークショップ、スリフトショップといった具合になってきた。最初はやることがなくて、店内をひとしきり見たらブラブラと表に散歩に出かけてしまったくらい、アンティークと私は縁がなかった、というか、ないものとしていた。時間を決めて、アラモアナショッピングセンターで待ち合わせ、なんてこともあったくらい。

　ところがそんなある日、あるアンティークショップで座り込み、1冊、1冊古本をひっくり返す、ダンナの横にしゃがみ込んでみて驚いた。そこには、言葉では尽くせない、愉しい時間が待っていたのだ。小さくなった私は、ぎっしりと古いアクセサリーやキーホルダー、ガラスの置物などが詰まったケースに囲まれていた。以前は置いてあるものに触るのもどうかな？　と思っていた（アレルギーゆえ）。が、そんなことは屁でもない。積み重なった本の中、ショーケースに重ねられた何枚もの端切れ、それから棚の中、奥……。奥へ奥へと進み、時間が経つのをすっかり忘れた。そして、もう何年もの間、誰もここを動かしていないんじゃないかと思えるほどホコリをかぶったケースの中から、見たこともなかったキュートなフラガールがプリントされた生地を見つけた。

　そうか、こんなに愉しい場所だったんだ。もっと早く教えてくれたらよかったのに、とダンナに言うと、それは自分でおもしろみを見つけないと意味がないから

さ〜と呑気な答え。要は自分が愉しければよかったらしい。それでも私は、ほんの一瞬、しゃがみ込んだことで、大げさかもしれないが、新たなる人生の愉しみを見つけることができたのだ。ダンナの勝手さと呑気さはさておき、一緒に愉しめる場所ができたのだからよかった。

　それからというもの、ハワイに来るたびに結構な時間をいくつかの店で過ごす。長い時間を経て、店に集まってきた、ハワイの歴史が刻み込まれたものたち。それらに囲まれながら、ひととき、時間を忘れ、それぞれにお宝を見つける愉しさは何にも代えがたい。そしてそのお宝なるものは子どものときと同様、自分のなかでしかわかることのない、価値観で存在しているものなのだと思う。

これはワイキキのど真ん中にあるアンティークショップ「アイランドトレジャーズアンティークモール」にて見つけた人形。きっと何かのキャンペーンで作ったものなのかな？　2年くらい前に「アンティークアリー」(P.152)で水色の同じ人形を見つけ、無理やり譲ってもらったのが最初。今回、お仲間を連れて帰ることができてうれしかった。

Island Treasures Antique Mall
2301 Kuhio Avenue, 2F, Honolulu／808-922-8223／Tue-Fri 16：00-22：00, Sat 14：00-22：00, Sun 14：00-18：00／Mon closed／Map5　(P.168)

41 | ♥ おじさん

東京生まれの私は、故郷に帰るという行為をしたことがない。盆暮れ正月には、皆友人たちがそれぞれに懐かしい故郷に帰郷していくのを、うらやましいと思っていた。何をどうしたいというのではないのだけれど、客観的に分析してみると、「あぁ、懐かしい、久しぶり」とか「ここはずっと変わらないなぁ」的なことをしたかったのかもしれない。

ここ数年、お盆の時期はともかく、時間ができるとハワイに出かけるという日々を過ごしている。お正月は特にそうすることが多い。ある日、ダンナが「俺たちいっつもほとんど同じ場所で、同じことして、同じものばっかり食べてるなぁ」とつぶやいた。いつもの私だったら、何言ってるのよ！ とばかりにこの気持ちよさに水を差すダンナを怒っていたかもしれない。が、このときハッとした。そうか、同じことを繰り返しに、ここに来ているんだ、と。

それは紛れもなく勝手な故郷気分。いつもと

変わらないけれど、ほっと和むこの空気。直接の知り合いではないけれど、いつも行く店にちゃんといてくれるとホッとする人たち。いつしか知らず知らずのうちに、それを確認するようになっていた自分に気がついたのだ。

　そのホッとする人たちというのは、なぜだか全員、おじさんばかり。ひとりは、ワイキキに到着するとまず食べるエッグベネディクトのあるレストランで働くおじさん。もうひとりは、大好きなヨットの船長さん。そしてあとのふたりは、アンティークショップのご主人たち。

　実は、もうひとり、今回の旅で再会できることを楽しみにしていたおじさんがいた。前回ハワイを訪れたときにカパフル通りにあるアンティークショップ（そこのご主人でした）からワイキキまで私たち夫婦をクルマに乗せ、送ってくれたおじさん。「また会おう」と言い、名刺に携帯電話の番号を書き込んで私たち夫婦に渡してくれた。サンタクロースのようなその風貌とあったかい笑顔に、またハワイに来て会いたい人が増えたと思い、うれしくなった。が、その思いは届かなかった。私たちが帰国して1週間するかしないかのうちに、彼は突然亡くなった。彼の知り合いの店に行くと、サンタの格好をした彼のスナップとともにお悔やみの言葉が添えられていた。あまりのショックに我を忘れ、泣いた。たった一度しか会ったことのないおじさんだったのに、こんなに悲しくなるなんて……。自分でもまったく想像してなかった。彼の知り合いであるその店の店主は泣きじゃくる私の肩をポンポンとたたき、「サンキュー」と言ってくれた。

　今さらながら考える。違う国の人同士、こういうつながりを持てることもあるんだと。ないわけはないけれど、実際異国の、それも一度しか会ったことのない人のことでこんなに涙が出てしまうなんてことを体験すると、どうしてもハワイの力を無視できない自分がいる。

　今年もまた何度もキュートなこのおじさんたちに会いに行ってしまうんだろう。心のなかで「元気ですか？」と言いながら。

一番よく訪れる、アンティークショップAntique Alleyのご主人、PAKEさん。奥さんといろいろな国を旅して来た話を愉しそうにしてくれる。仙人のような風貌が好き。(P.152)

アンティークショップAli'i Antiques of Kailuaのご主人、CHARIESさん。写真を撮っていいかと聞くと、ちょっと待ってと言い、髪をブラッシングしはじめた。おちゃめ〜。(P.152)

ハワイに到着するとまず食べるエッグベネディクトのあるレストランTerrace Grillで、28年勤務しているSONNYさん。この人が自分のテーブル担当になるとほっとすると同時にうれしくなる。(P.10)

カタマランヨットの船長さん、ROCKY。日本語も達者。ほら貝を吹く姿はほんと素敵！(P.48)

42 | アロハシャツ

Ⓐ 数年前から気に入った柄を見つけると買うことにしている。でも、ヴィンテージとかではなく、スワップミートなどで見つける1枚高くても$20くらいのもの。だいたいは$5〜10くらいのものばかりだ。

アロハシャツにはハワイの景色やフラガールや近海の魚やウクレレなど、この島を象徴する柄がプリントされていて、なかにはもう手に入れることのできないようなものもあるらしいが、私には関係のない話。古いプリントは風合いもよく、絵柄もかわいくて惹かれるものが多いけれど、それはヴィンテージだからというわけではない。あくまでもその柄の持つ雰囲気と生地の触り心地。これが私には大事。意外と一点ものとかよりも工業製品チックなもののほうがおちゃめでかわいかったりもするし。

いつも買うのはXXLかXLサイズ。数年前、一緒に海の家で働く姉さんが、はけなくなったからあげると言ってくれたのが、アロハシャツで作ったスカートだった。その柄のかわいさに夢中になった私は、洗濯をしては、乾くとまたすぐそれをはいて出かけるくらい、スーパーヘビーローテーションでそれをはき続けた。アロハシャツが気になり出したのはそれから。いつかまとめて自分用にスカートを作ろう（誰かに作ってもらいたい。もしくは習いたい）ともくろんでいる。

最近買ったなかで一番のお気に入りは、このサーフボードにレイをあしらった柄のもの。テロンとした生地の質感もかなり気持ちがいい。もうひとつ最近、気がついたことがあった。私が好きなのは、魚の柄。それも辞典のようにずらりといろいろな魚が並び、そこに名前が書いてあるようなへんてこなものが好み。そういうものは値段も安い。あまり人気がないのかな？　でもスカートにしたとき、絶対にかわいいと思うんだけどな〜。

Kam Super Swap Meet＞P.90

Bailey's Antiques & Aloha Shirts
517 Kapahulu Avenue, Honolulu／808-734-7628／10：00-18：00／Map5（P.169）

121

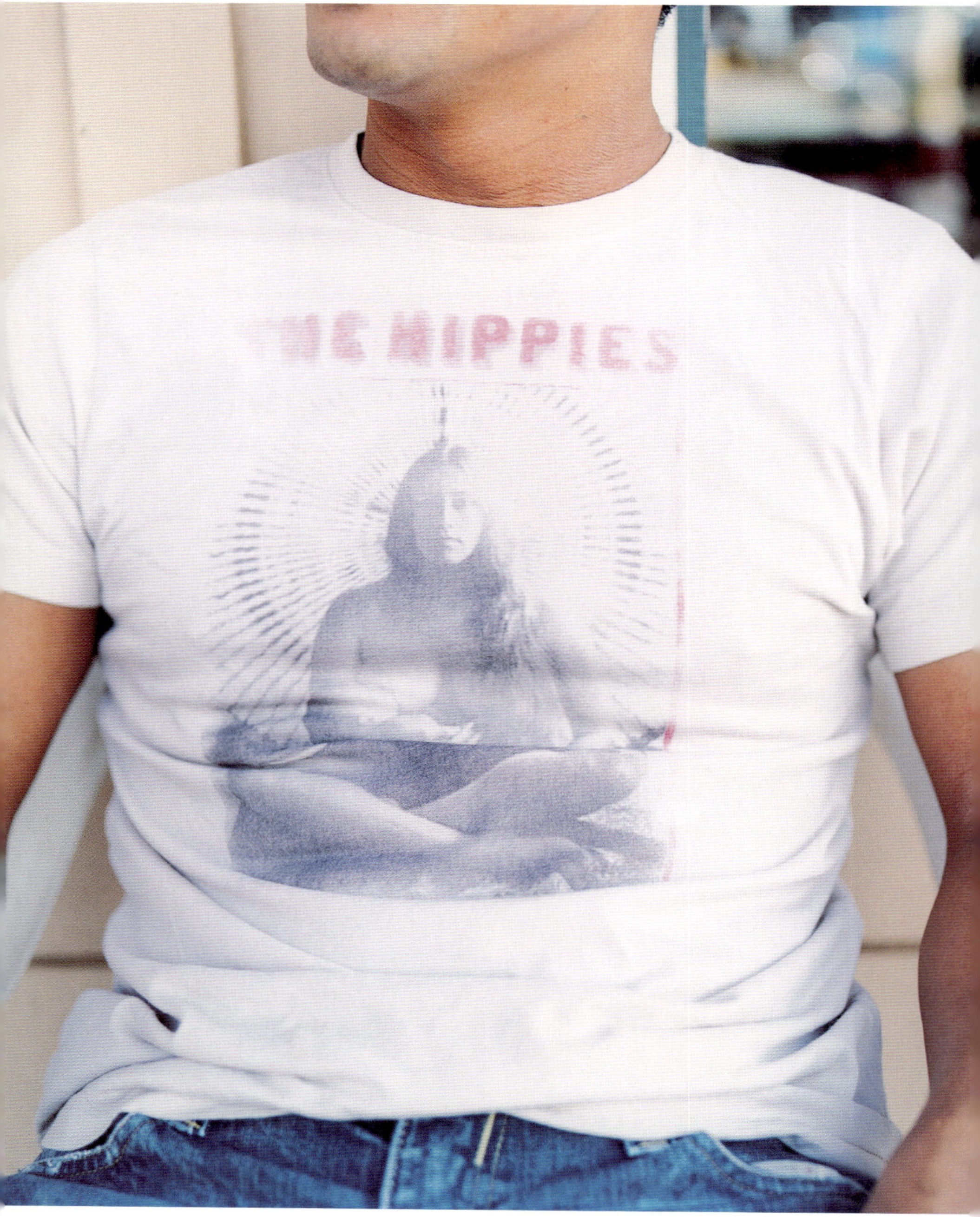
THE HIPPIES

43 | Tシャツ

(M) ハワイって、Tシャツと海パンがあれば、もう全然過ごせると思う。となると、ハワイでのオシャレとは、そのTシャツの柄と海パンの柄というところかな？　僕はアカザワさんと違って、あんまり収集癖やこだわりがないので、Tシャツについて語れるわけではないし、実は、自分でTシャツを買ったこともあまりない。ほとんどがもらいもので、そのなかから気に入ったものを着させてもらっている、というのが本当のところ。

　そんな僕でも、今、個人的に気に入っているTシャツがある。ワイキキの免税店の前にお店を構えている「マーケット」のオリジナルTシャツ。ここは、今どきの女の子がちょっとしたものを買いにいくようなショップ。じゃあ、何が気に入ってるかというと、そこのオーナーさん（笑）。気に入ってるというか、一緒にいて楽しい。彼は、自分のお店を「おみやげ屋さん」といつも照れくさそうに言ってるけど、洋服に対してなんか熱い。そんな彼が作るTシャツにはちゃんとこだわりがあるし、趣味もいい。袖の長さから素材の厚さ、縫製にも気を遣っていて、彼曰く、女性がそのときどきできれいに見えることと、そして、「楽チン！」って、心地よく着てもらうことが、目的だそうだ。さすがっ！

　あっ、そうそうTシャツって、その着方や、Tシャツの素材とかプリントで、なんかその人の趣味とか背景がちょっぴりわかる気がする。気をつけないと。

Marqet
345 Royal Hawaiian Avenue #102, Honolulu／808-922-4776／10：00-23：00
http://www.marqet.net／Map5（P.168）

44 | ニューオータニカイマナビーチホテル

Ⓜ　ハワイにはたくさんのホテルがある。そして、そのホテルひとつひとつに、それぞれのいいところがあると思う。だから僕には、一概にこのホテルはダメというのも特にないし、逆にここが最高！　と熱く語れるホテルがあるわけでもない。かといって、どれもこれも可もなく不可もなくなんて感じでもない。あくまで、それぞれのホテルのいいところを自分なりに理解している、といったところだ。

　このニューオータニカイマナビーチホテルのいいところは、ワイキキの喧噪から一歩離れて、ワイキキを外から見られるところと、完全にオーシャンフロントで気持ちがいいところ。あと、気取ってなくて、部屋のドアを開けたときに、自分の家に戻ったようにほっとするところ、ホテル全体で「時間を無駄にしろ」と言っているような気がするところ。と、いいところをとりあえず書いてみたけど、以前僕自身、ホテルで働いていたことがあるから、気になるところもたくさんある。でも自分のなかで、このホテルのいいところと気になるところを天秤にかけると、総体的にいいところのほうが重いのだ。ということで、個人的に好きなホテルなんだと思う。特にアットホームなところがね。

The New Otani Kaimana Beach Hotel
2863 Kalakaua Avenue, Honolulu／808-923-1555／http://www.kaimanabeach.com/／Map5 (P.169)

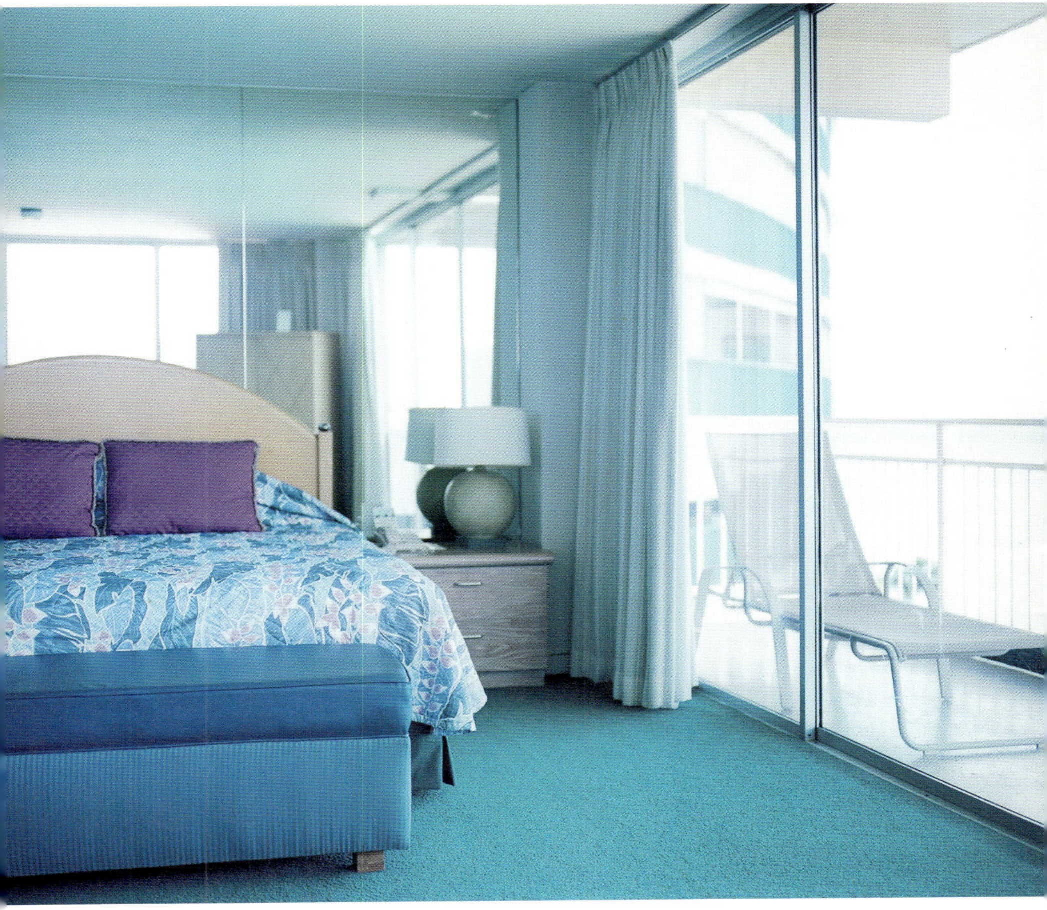

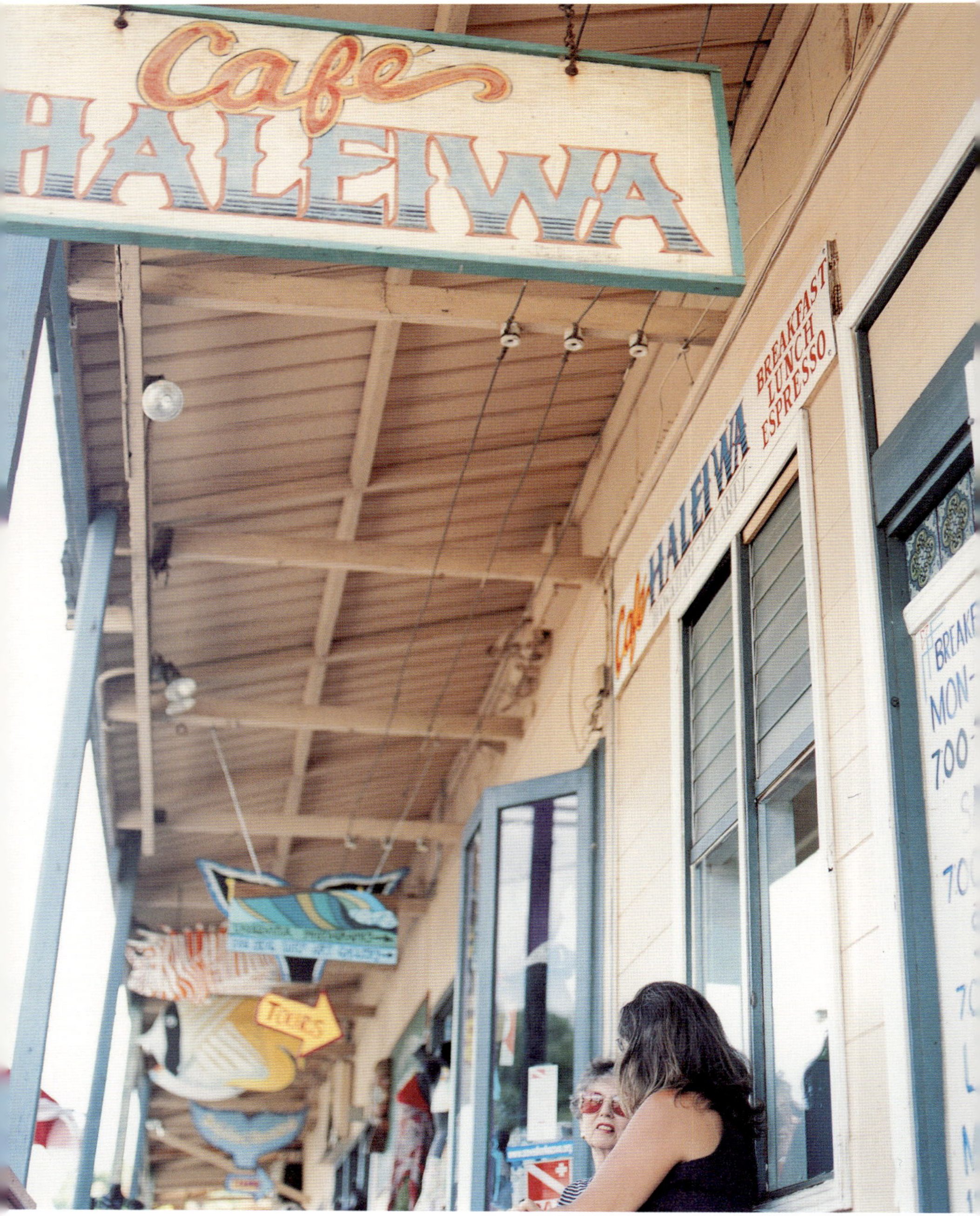
Café
HALEIWA
BREAKFAST
LUNCH
ESPRESSO
Cafe HALEIWA
TOURS

45 | カフェハレイワ

(M) 昔からハレイワの街に入るとき、必ず目にするカフェだったけど、学生の頃は、それよりノースの波に意識を奪われていたから、多少気になるという程度のお店だった。でも15年ほど前、好きな女の子をノースへデートに連れ出したとき、はじめてこのお店に入り、お店のハチャメチャだけどなぜかバランスがとれている内装に、その子にときめくのと同じぐらいときめいたと思う。

　壁は、パステル調の青や赤や黄色や緑やピンクでおもしろいくらいに塗ってあるし、その壁に当時これでもかっと思わせるぐらいの写真や変な絵が飾ってあって、「すっげーっ！」と思った。それから、ノースに行くときは、仕事でも遊びでもその店に顔を出すようになり、お店のオーナーさんとも顔見知りになった。そうこうしているうちに、ブレックファーストステーキがおいしいことにも気づき、それ以来、自分のオススメのお店になったという感じ。今は、ノースで唯一、ひとりでも入れるカフェになっている。

　15年前の彼女は、元気かな？

Café Haleiwa
66-460 Kamehameha Highway, Haleiwa／808-637-5516／7：00-14：00
Map1 (P.164)

The Country Breakfast
（$5.50／2エッグ、2バターミルクパンケーキ、2ベーコンまたはソーセージ）

Steak and Eggs
（$ 8.65／ステーキ、黒こげのトースト、ブラウンライス、2エッグ！）

46 | ダウントゥアース

Ⓐ 日本でもここ数年、オーガニックというもの自体、ずいぶんと認知された存在になりつつある。私は特別そういったものにこだわっているというわけではないが、やはり、体にいいものは、気持ち的にもいいに決まっているという気だけはしている。アメリカやヨーロッパは、いち早くオーガニックというものに取り組んでいただけあって、品物の数も豊富だし、値段も驚くほど高くはない。しかも、限られた場所だけでなく、比較的広い範囲で見つけることができる。だから、海外に出るとなんとはなしにそういったものを購入する機会も多くなるのだ。

ワイキキからバスで10分ほど行ったところにある「ダウントゥアース」は、オーガニック中心の野菜や食品、コスメティックが充実しているスーパー。必ず買うのが、ホテルで食べるためのシリアルやドライフルーツの量り売りとおみやげのコーヒー豆。そのどれもmade in Hawaiiというところが気に入っている。マコトはハンドルをひねるとクリーム状になって出てくるピーナッツバターが好きらしく、一緒に行くと毎回それをすすめる。確かにおいしいけれど、そんなに何度もすすめなくても、ねぇ。あまりに好きすぎて誰にすすめたか、わからなくなっているのかもしれない。毎回言われるたびに、「それ前にも聞いたよ」と言うけど、「いや、ほんとにおいしいんだって」と言い続けるんだから、笑える。

また、made in Hawaiiではないけれど、オーガニックのパスタがおいしいので、これも必ず買い足す。家で使うのは、基本的にこの銘柄のパスタのみ。これが切れるとまたハワイに行かねばと、思う。それくらいおいしいこのパスタは、太さもほどよく、たとえゆですぎてもちゃんとデュラムセモリナ粉のおいしさがかみしめるほどにわかるという優れた代物なのだ。やはりオーガニックの底力はそういう部分に出るのかもしれない。一番おいしい食べ方は、生のトマトとにんにくをオリーブオイルで炒めたところにゆで上げたこのパスタを放り込んで、ざっと和えたもの。それともうひとつ。ゆで上げたパスタにおいしいオリーブオイルをからめ、パルミジャーノレッジャーノをたっぷりと削り、こしょうを挽いて、和えたもの。ごく普通で当たり前のこのレシピでも、このパスタで作るとまじめにおいしい！　ぜひ、試してみてほしい！

＊　日本でも探せば見つかるのかもしれませんが、そういうマメさはあいにく持ち合わせておらず……。買える場所さえわかっていればいいかなと思っている呑気な私です。パスタのパッケージには、「bionaturæ」と記されています（$2.79）。ベージュ色のパッケージにクレヨンで描いたような太陽のマークが目印です。

Down to Earth
2525 South King Street, Honolulu／808-947-7678／7：30-22：00, Deli 7：30-21：00
Map5（P.168）

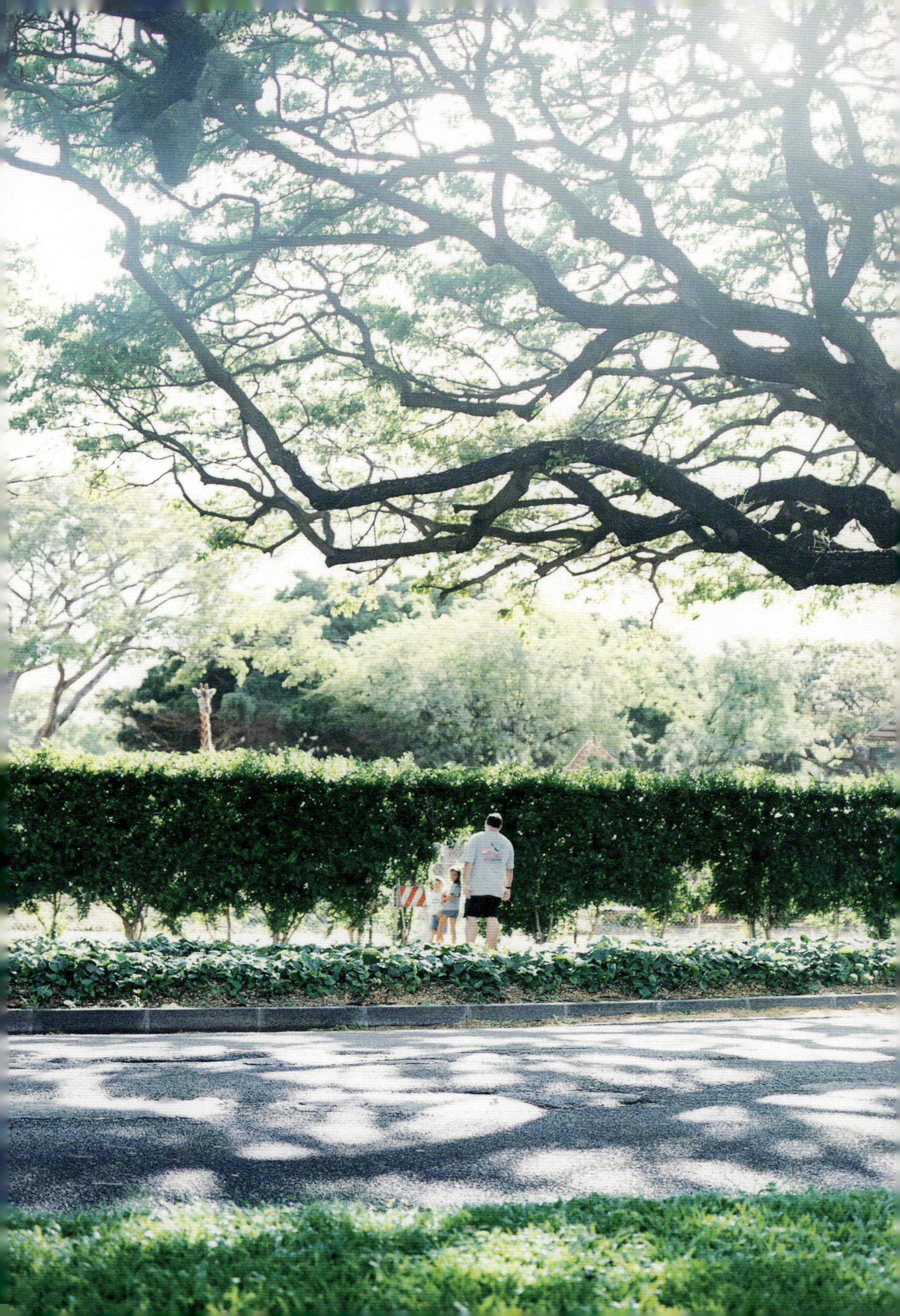

47 ホノルル動物園

Ⓐ 日本にいても動物園にはよく出かける。特に好きなのは、カバとサイ。ハワイを訪れるようになったはじめの頃は、必ずといっていいほどホノルル動物園に出かけ、炎天下のなかをぶらぶら散歩してまわった。記憶違いかもしれないが、ゾウの餌づけに遭遇したことがあったが、なんと、そのときはほぼ放し飼いに近いかたちでしていたように記憶している。別のときには、何かが逃げたといって、スクーターで網を持って走っていった飼育員のおじさんを園内で見かけたこともあった。あっけに取られるほど南の島らしいのどかな光景に、すっかりやられてしまった私は炎天下もなんのその。頻繁にここを訪れては、暑いからか、昼間だからか、いずれにしてもじっとしていて動かない動物たちをただぼんやりと眺める、といった観光時間を過ごしていた。

ある日、マコトにその話をすると「動物園に行かなくてもキリンでよければいつでも見えるよ」と言い、クルマで動物園の脇の道を通ってくれた。ほんと、見えました。キリンが。垣根の向こうに草をムシャムシャ食べながら、黒い舌をべろ〜んと出して、幸せそうな顔して。恐るべし、ハワイ！ こんな道端からキリンが見えるとは……。

しかも最近はトワイライトツアー（$12／要予約）なるものもあるそうで、こちらは少しばかり涼しくなった夜に行われるツアーだからか、昼間より動物たちの動きが活発。マコトはザブーンと池に飛び込む元気なカバを見たらしい（ほんとか？）。英語のみだけれど、飼育係のお姉さんの説明もつくので、意外とためにもなるし、人が少ない園内を歩くのもなんだか気持ちいいんじゃないだろうか。次にハワイに行くときは、ぜひ、行ってみたいなと思っている。

＊動物園内にテントを張って1泊するツアーもあるよう。
　私の好きなカバは夜行性なので、こういうときに思わぬ動きが見れたりするのかもしれません。
　寝袋とテントは持参だそうです。毎週第3土曜日の17:30〜、$39（要予約）。

Honolulu Zoo
151 Kapahulu Avenue, Honolulu／808-971-7171（24時間対応）／9：00-16：30／入園料$6
http://www.honoluluzoo.org／／Map5 (P.169)

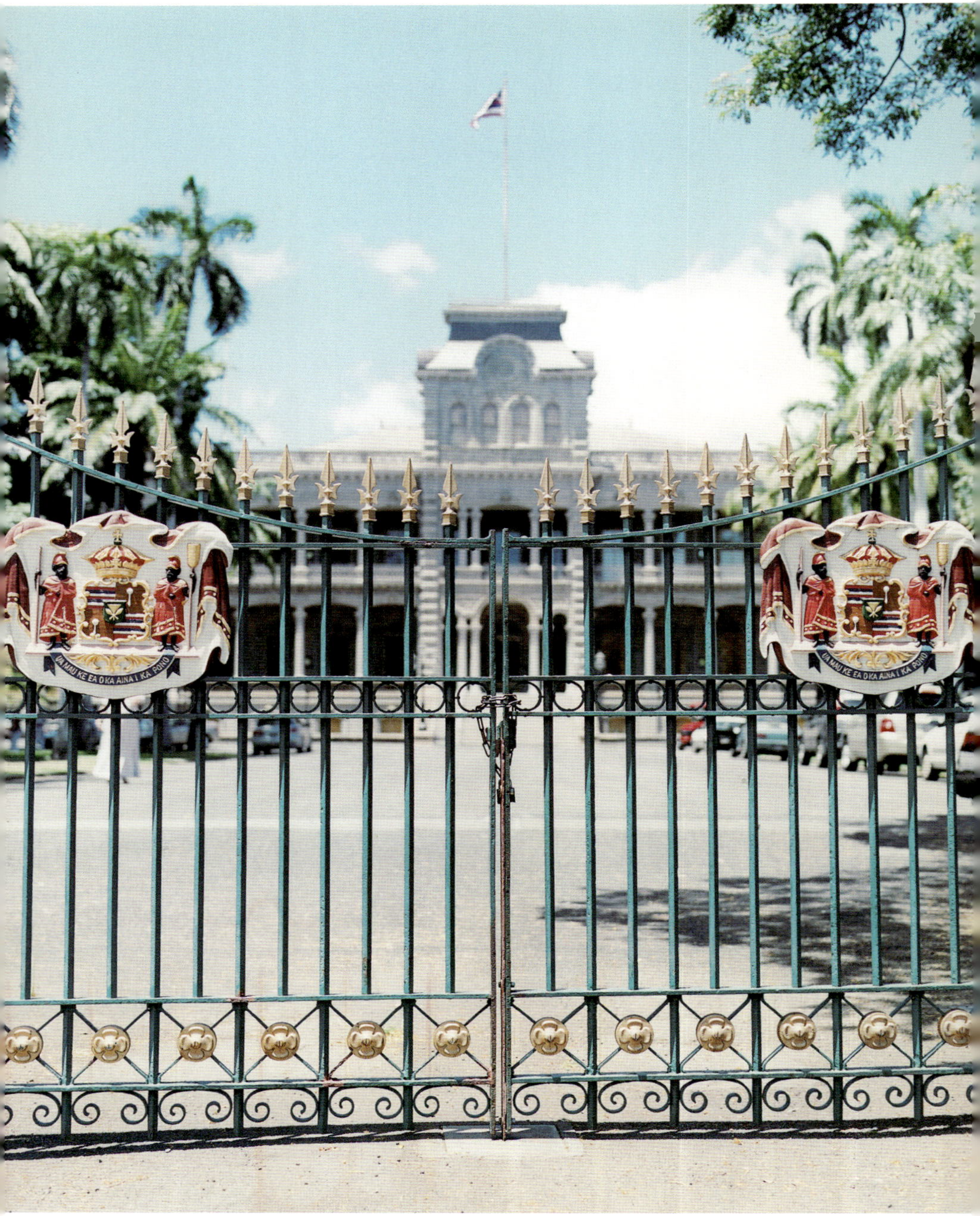
UA MAU KE EA O KA AINA I KA PONO
UA MAU KE EA O KA AINA I KA PONO

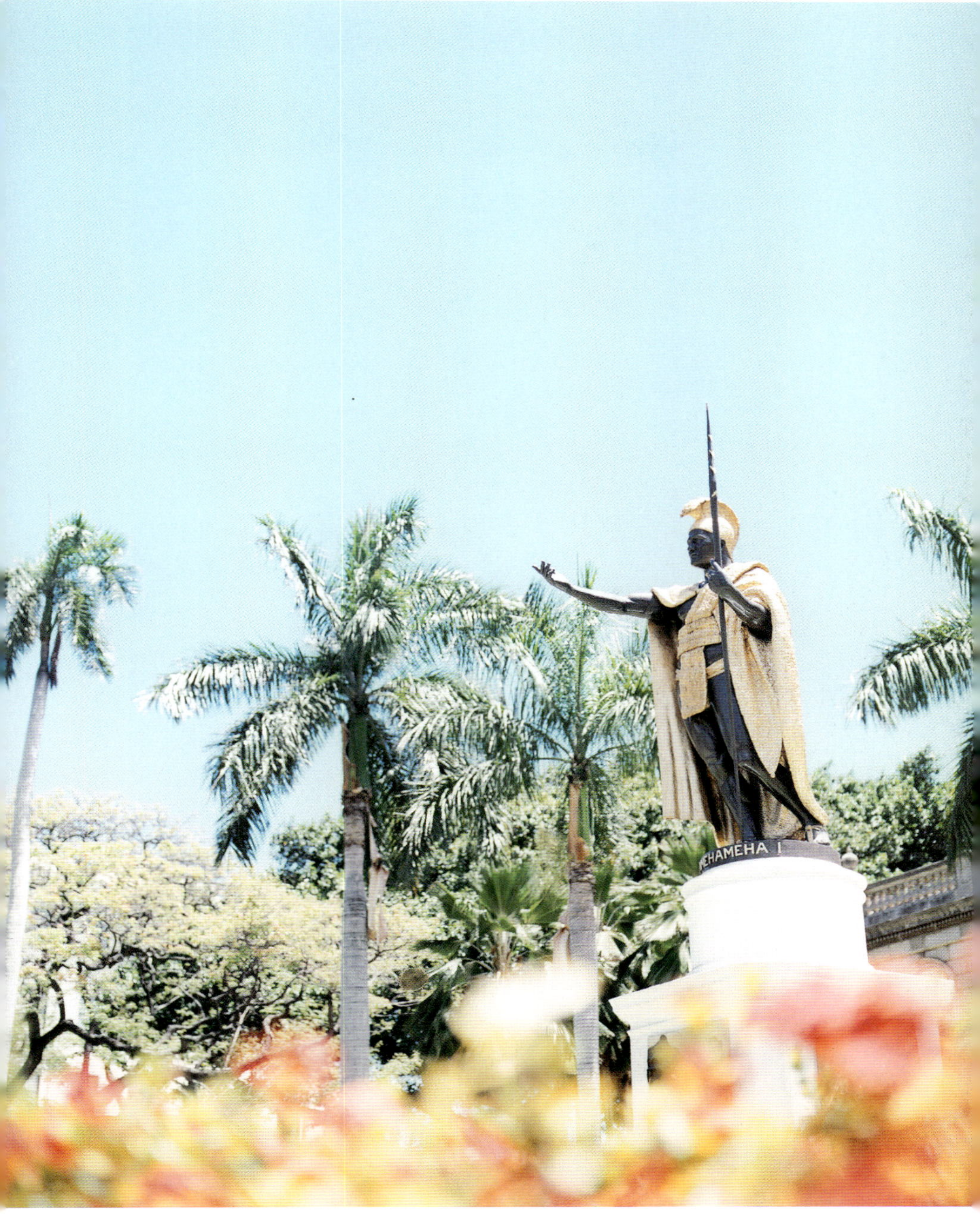

48 | ハワイの粉もの

Ⓐ　女性ならほぼ100％に近い確率で好きだと思うもの、パンケーキ。バナナがのっていたり、ホイップクリームがたっぷりのせてあったり……。メイプルシロップをこれでもかというほどジャバジャバかける様を想像しただけでも幸せな気持ちになれる。

　ハワイの粉ものといえば、パンケーキ以外に、その昔ポルトガルから伝わったとされる「マラサダ」という揚げパンのようなものがある（いつも「マサラダ」か「マラサダ」かわからなくなってしまう。担当編集の久保さんもいつも「マサラダ」と言っていた。ちなみに韓国料理屋の名前も「ソ・ゴン・ドン」なのに「ソ・ドン・ゴン」と言ってたなぁ……）。揚げたての熱々に砂糖をまぶしたそれは、ほんの一瞬にしてサクッとした食感とふわっとした食感の両方が味わえる不思議なもの。もちろんおいしい。なかにはカスタードクリームやココナッツクリームなどが入っているものもあるけれど、なんといっても何も入っていないプレーンが一番、粉のおいしさをかみしめることができる。そしてスイートブレッド。ほどよい大きさとほんのりと口に広がる甘さがなんともいえない素朴なおいしさ。

　この3つがハワイで特に好きな粉もの。実は、このうちふたつは、粉の状態で持ち帰ることができる。ひとつはガイド本などでもよく紹介されている「エッグスンシングス」のバターミルクパンケーキミックス（$10）。粉に水を加えるだけでできる簡単パンケーキミックス。日曜日の朝は結構コレで朝ごはんしています。もうひとつは、レナーズ（P.52）のものではないけれど、卵とバター、牛乳、湯、砂糖を加えて作るタイプのMalasadas Mix（$6.50）。これは、アラモアナショッピングセンター内にある「コンプリート・キッチン」で購入。スイートブレッドではないけれど、同じく「コンプリート・キッチン」にあったマコトおすすめの「Kanematsu Bakery」のMolokai Bread Mix（$12）も粉もの好きとしては購入しなければ、と手に取った。これはこれから作ってみようと思っている。

Eggs'n Things
1911-B Kalakaua Avenue, Honolulu／808-949-0820／23：00-翌日14：00／Map5 (P.168)

The Compleat Kitchen
1450 Ala Moana Blvd., Honolulu／808-944-1741／Mon-Sat 9：30-21：00, Sun 10：00-19：00
http://www.compleatkitchen.com/／Map5 (P.168)

Suave
Naturals
Conditioner
Ocean Breeze
algae extract
& vitamin E
/444mL
Suave
Naturals
Ocean Breeze

49 │ シャンプー＆リンス

Ⓐ　海外旅行に行くのにシャンプーやリンスを持っていく人っているのだろうか？　私は断然、現地調達派。重いというのが一番の理由だけれど、なんといっても海外のコスメは意外性も含め、おもしろい。しかも、安い（それは私がデパートではなく、スーパーで大衆向けのものを購入しているからに過ぎないが……）。そんなわけで、ホテルに到着するとまず数日間を過ごすための身のまわりのものを買いに出かける。

行く先は、アラモアナショッピングセンター内にある「ロングスドラッグス」。シャンプーやリンス、洗剤、化粧品、タオル、スイーツ、ドリンク類、ステーショナリー、雑誌などなど、ひと通りのものが揃う。そしてどれも安い。一日に何度も海に入るので、シャンプーとリンス、ボディソープはたっぷりとケチらず使いたい。だから、大きいほうのボトルを購入する。銘柄は決まって「Suave」。これがさらにほかのものと比べ、一段と安い！（500ml入りで各$1.19くらい。店によって値段は違う）かといってそう悪い代物でもないと思う。なんといっても南国ならではの甘いフルーツの香り（品物には「Ocean Breeze」と書いてあるけれど）が、泡に包まれるたびに幸せな気持ちにさせてくれる。パッケージのファンシーなパステル調の絵柄もなかなか和める。

シャンプーとリンス、それに洗濯洗剤を買い、ホテルへと戻り、シャワーを浴びる。そしていきなり昼寝。これでやっとハワイの日々がはじまる。

Longs Drugs >P.14

50 | おやついろいろ

A 前にも書いたけれど、それほど甘いものに執着はないほうだと思う。けれど、とびっきりおいしいものを、ほんの少し食べるのは大好き。とびっきりのレベルはかなり個人的なものだけれど。マコトは私とは真逆。甘いものをよく口にしている。缶コーヒーなんて、毎日飲んでいたような気がする。甘いおやつもよく買い食いしていたな……。

Fudge Shoppe Caramel Filled／E.L.Fudge Original

少し塩気のあるバタークッキーにキャラメルとチョコレートをダブルコーティングした甘い、甘いクッキー。そして、おじさんの型抜きクッキーにチョコレートクリームをサンドしてあるオリジナル。どちらも1個食べれば充分なのだけれど、スーパーではなぜだか結構な確率で、2個$5くらいとなっている。リアルすぎてかわいくないキャラクターのおじさんも笑える。

Twinkies

バターたっぷりのスポンジにバタークリームが細長～く入ったもの。このクリームにも少し塩気があったかも。ABCストアでもよく見かけるこのおやつ。買ったらすぐに部屋の冷蔵庫に入れて、クリームが固まり、スポンジがひんやりしたくらいに食べるのがおいしい。しっとりしたスポンジに固まったバタークリームは、なんちゃってチーズケーキのようです。($1.99)

mary's POUND CAKE

なんの変哲もない、ごくごくシンプルなパウンドケーキのひと切れ分。こちらもしっとり系。コーヒーによく合うので朝ごはんにもおすすめ。それほど甘くないので、なんとなく血糖値が下がったなというときにもいいかも。私的にはホイップクリームをつけて食べたら、もっとおいしいような気がしている。($2.29)

Food Pantry＞P.30

Ⓜ しばらくおやつを食べない時期が、僕にはありました。それは、学生時代の後半から30代半ばまでです。たぶん、経済的にも栄養的にも無駄なものだと思っていたのでしょう。でも最近は、なぜかちょこちょこおやつ的なものを買ったり、食べたりしています。最悪なときは、夕食代わりにポテトチップスを食べたりすることもあるくらい。聞くからに体に悪そうですよね。でもハワイでひとり暮らしをしていると、どうしても食事を適当に済ましてしまおうと思うことがしばしばなのです。そんななかで、無意識に手を伸ばしてしまうおやつがあります。

MAUI STYLE SALT & VINEGAR
ソルト＆ビネガーのポテトチップス。最初は、なんかお酢くさいし、変なものだと思っていましたが、その「変さ」に慣れてくると、病みつきになってました。お酢の酸っぱさと塩が、自分にとってバランスよいものになっているのです。($2.44)

**TEDDY GRAHAMS-
GRAHAM SNACKS-CINNAMON**
クマのかたちをした小粒のクッキーです。ちょっと甘めの小粒クッキーにシナモンがかかっているだけのもの。ただこれが、疲れているときや、ちょっとお腹がすいているときなどにちょこっとつまむには最適で、結構クルマの中にいつも置いてある、いわば僕の非常食的なものになっているのです。僕はシナモン好きですから！(ミニバッグサイズ$1.99)

**TUTU'S
MINI BLUEBERRY MUFFINS**
「フードランド」というスーパーに売っているひと口サイズのマフィンで、手頃なサイズと手軽さが気に入っています。味は本当に普通のマフィンですが……。朝、急ぎのときなど、コーヒーとこのマフィンで朝食を済ませることがよくあります。僕にとっては、おやつがごはんになったりしちゃってるのでしょうね。やばい、やばい！！！($4.99)

Foodland
Market City, 2939 Harding Avenue, Honolulu／808-734-6303／24hours open／Map5 (P.168)

I can't imagine myself, living without munches.

51 | カメ

　何度もハワイに行っているのに、まだ砂浜でくつろぐそのお姿をお見かけしたことがなかった。ワイキキから出ているヨットに乗るとかなりの確率で出会えるのだけれど、そのときは海にゆらゆら揺れる甲羅ばかりで、当たり前だが顔などまったく見えない。私が見たいのはこういう状態ではなくて、もっと近くで、こう目をしばしばやっている状態がわかるような感じで会いたいのよ。真剣にマコトに訴えた。わかったよ、とは言わなかったけれど、かなり面倒くさそうにカメがいるという、ノースショアのほうのビーチに連れて行ってくれた。今まで何度もこの前を通っていたはずなのに、なぜ気がつかなかったんだろう？　そしていました！　が、人が多すぎてうっかり砂浜に上がってこようものなら、浦島太郎じゃないけれど、見物客に囲まれ、のんびり甲羅干しなんてことにはいかなさそうだ。それを察知しているらしく、なかなかカメは海から上がってこない。しばらく砂浜でカメを待った。ずいぶんと経過しただろうか？　「行くよ〜」とマコトの声。はいはい、わかりましたよ。行きますよ。あきらめてクルマに乗ると「たぶん、こっちのほうがいると思う」とすました顔でクルマを走らせる。早く言えよ〜とは言わなかったけれど、なぁんだ、まだ希望があるのね、とちょっとうれしくなった。その場所は、彼ももう行けるかわからないくらい入り組んだ場所だったので、お教えできないのですが、やはりおりましたよ。こんなにキュートなお顔で、のんびり甲羅干ししておりました。いやぁ、和みましたよ、ほんと。万年生きてる感じしましたよ、マジで。ありがたい感じ。これもやっぱりハワイだからこそのエネルギー。もしほかの場所でこうして会っても、そうありがたいとはなぜだか思えないような気がしている。そして、ここまで会いたいとは思わないんじゃないかとも思う。

＊カメに直接さわったりしないように。

Turtles' Spot ＞ Map1 (P.164)

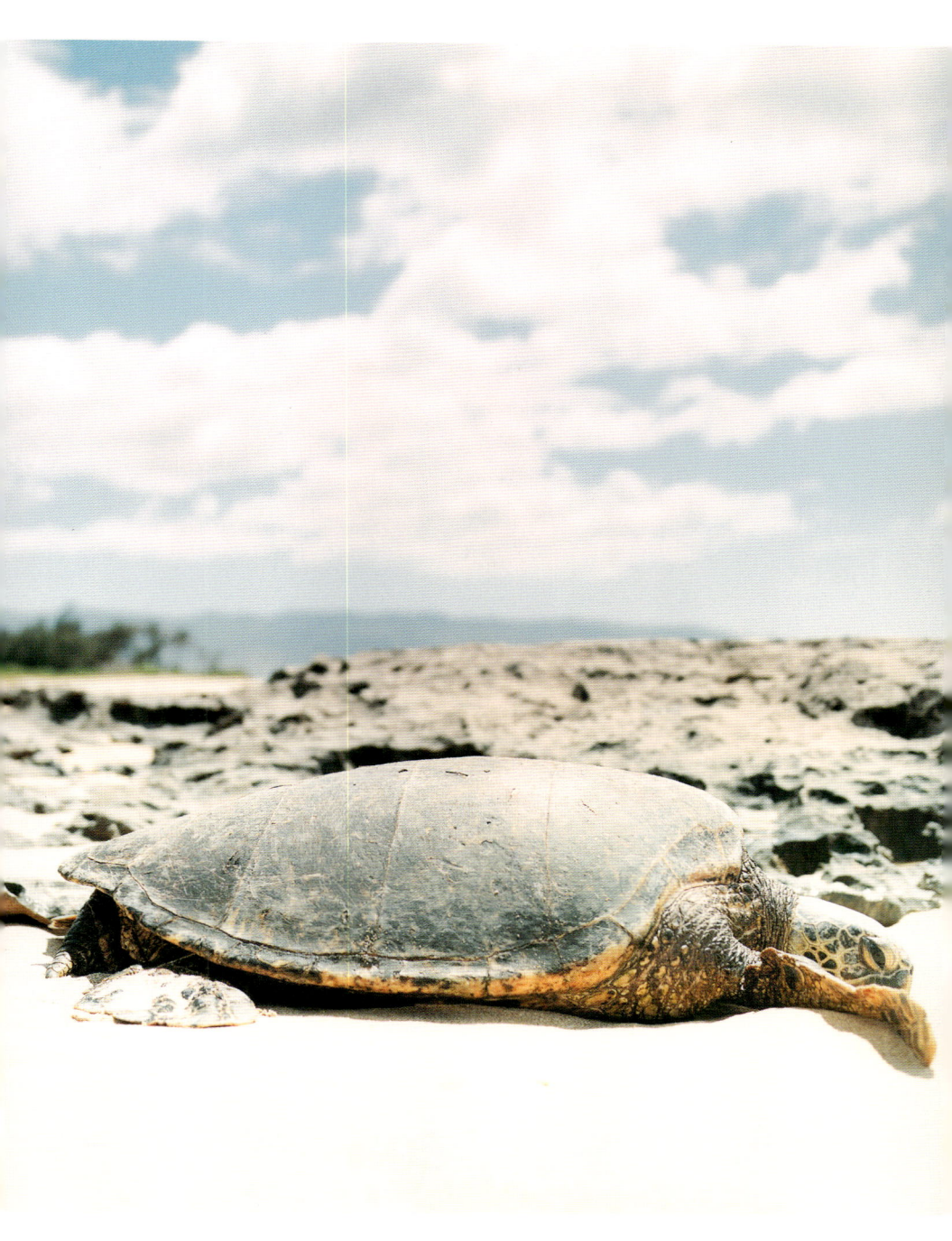

Garlic Butter ($11)

52 | ローミーズのシュリンプごはん

(M) ノースに行ったら「カフクシュリンプ」を食べなきゃだよ！ってみんなが言っているのをよく耳にする。カフクシュリンプというのは、カフクという土地で養殖しているエビのこと。そこで育った普通のエビよりひと回り大きいエビのことをいう。そして、昔は、「ジョバーニ」というイタリアンのシュリンプ屋台のガーリックシュリンプがその代表で、みんなこぞってここのエビをほお張っていた。バターとガーリックをたっぷり使って、殻がついたままのエビをフライパンで炒めたものに、ごはんを添えたプレートランチ。それは今もまったく変わらないが、それだけシンプルな料理なので、今日、カフクに行くと、あっちこっちで、「ジョバーニ」をまねた屋台があり、そのなかのひとつが、この「ローミーズ」というわけ。

個人的にこの店の、のんびりした雰囲気が好きだ。特別おいしいというわけじゃないかもしれないけど、目の前にエビを養殖している池が広がり、そこから直接エビを持ってくるから新鮮で、また、エビの釣り堀までやっていて、活気あるおばちゃんが好きだから選んだ、というのが正直なところ。

とにかく、広々とした養殖場とその上に広がる大きな空と流れる雲が、気持ちを穏やかにさせる。僕にとってのハワイって、この空にあるかも。

Romy's Kahuku Prawns & Shrimp Hut
56-781 Kamehameha Highway, Kahuku／808-232-2202／10:00-17:45
http://www.romyskahukuprawns.com／／Map1 (P.165)

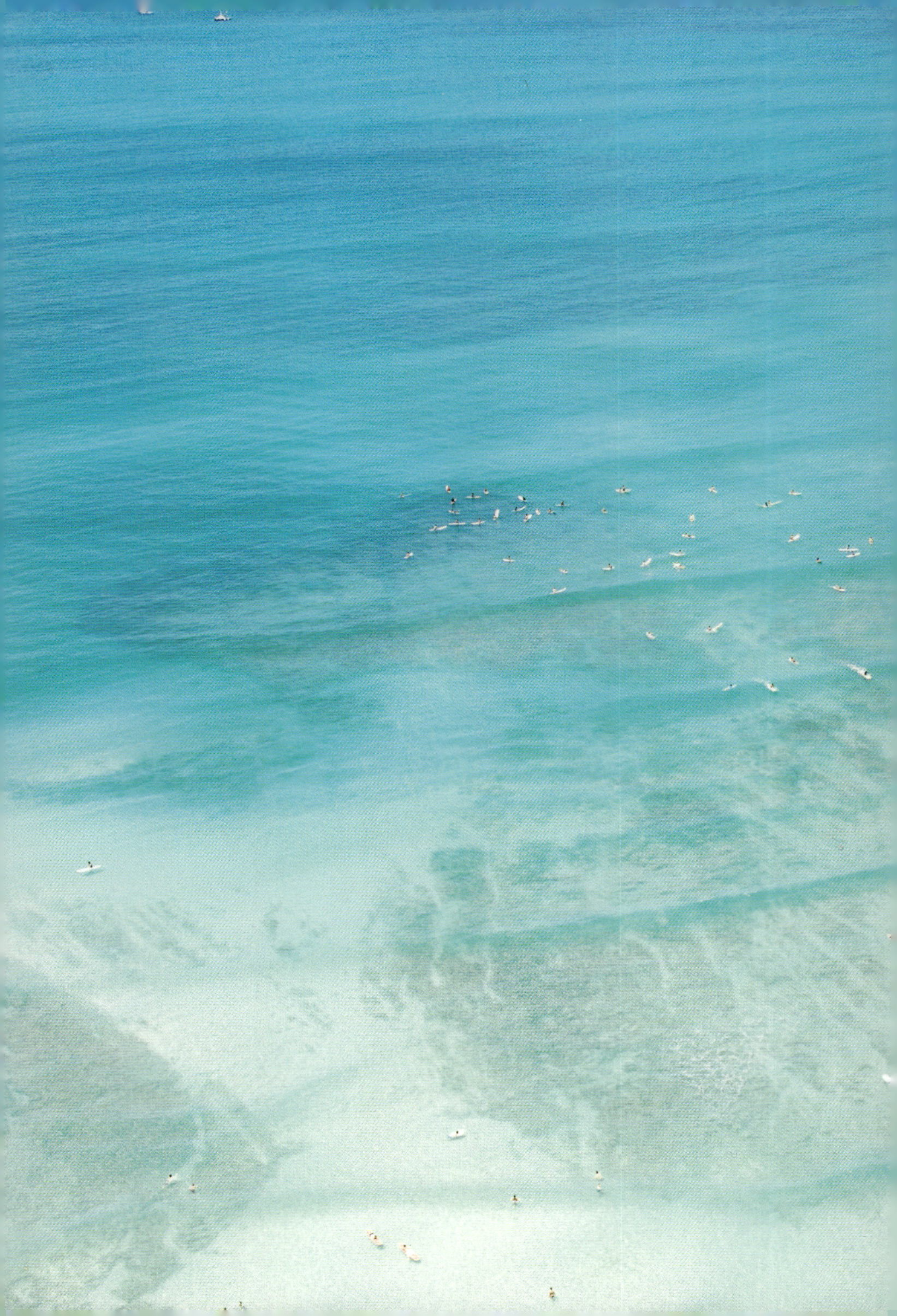

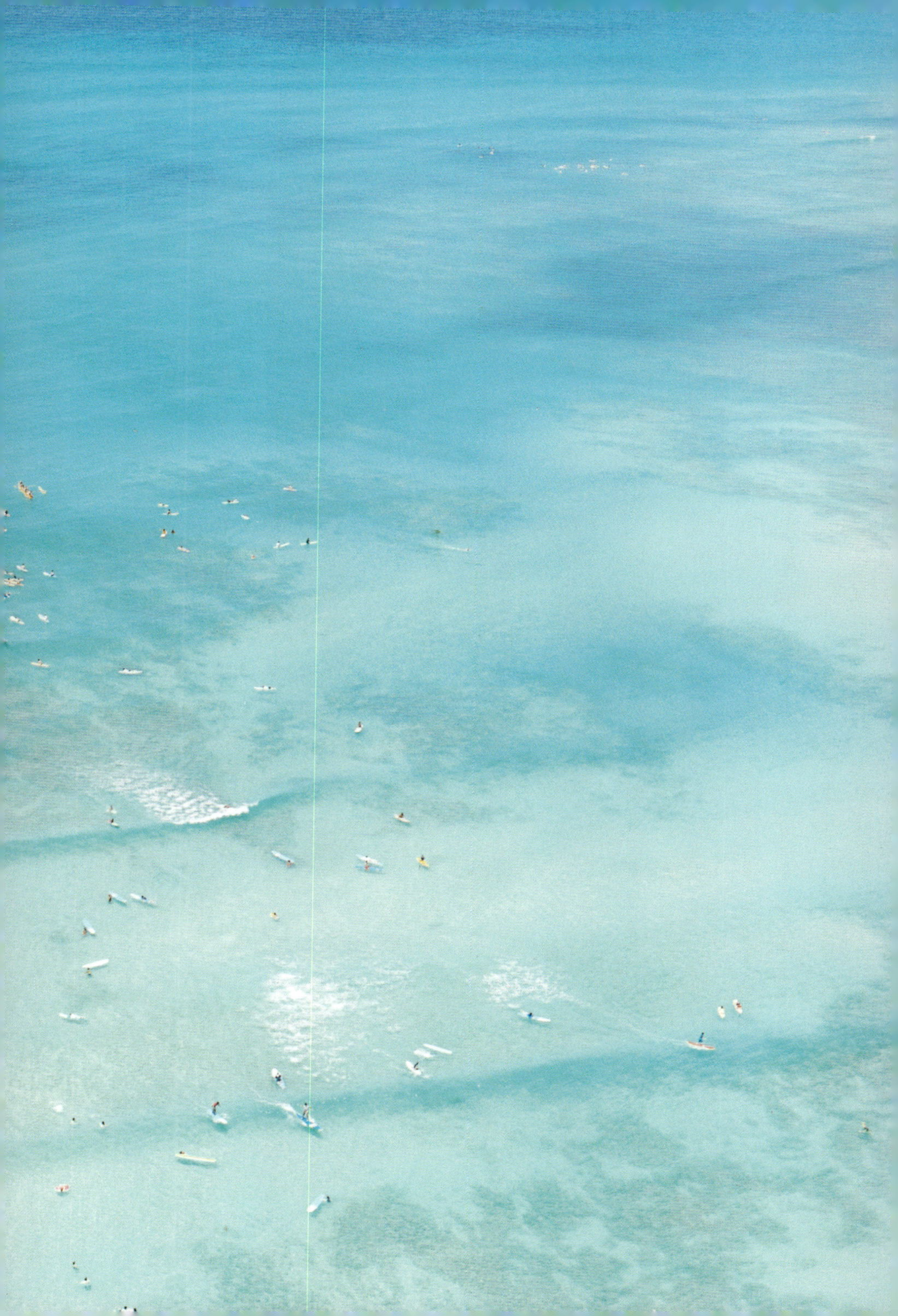

53 ダイヤモンドヘッドマーケット＆グリル

M 知る人ぞ知る、ここのブルーベリーチーズスコーン（$2.40）。スコーンなのに、パサパサしていなくて、しっとりしている。今まで経験したことのなかったスコーン。中にはチーズが入っていて、それが、おもしろいインパクトを与えてくれる。

　朝、波乗りに行くとき、腹ごしらえに、よくこのスコーンと玄米で作ったスパムむすび（$2.75）と、サーモンラップ（$4.25）というサーモンとレタスとほかにもいろんな野菜がトルティアで巻かれてるものを買う。自分でも結構食べるなぁと思うけど、やっぱり波乗りはお腹がすくので、とりあえずそれだけ買って、波乗りが終わった後、残っているスパムむすびとスコーンをほお張るのだ。その甘さが、海水で塩々になった口の中に広がる。これは、普通のスコーンだとパサパサ感が強くて、イマイチ体感できないが、このスコーンだと実感できるから、試してみる価値はあるかも。

　あっ、今きっと波乗りが終わってから買えば、より新鮮でおいしいのでは？と思った人もいると思うけど、ごめんなさい、それは好みってことで……。ハワイは日陰が涼しいから、4時間までなら外にほっといたものを食べていいって誰かが言ってたし。とにかく、ここは、いい意味でとっても中途半端なヘルシーフード屋さんで、それも僕のなかで気に入ってるところ。自慢じゃないけど、人間的に中途半端な僕にとっては、このぐらいがちょうどいい。売ってるものも、健康食品と並んで、どちらかというとジャンクな部類に入るものもある。いわゆるハワイ版お惣菜屋さんなのだ。

Diamond Head Market & Grill
3158 Monsarrat Avenue, Honolulu／808-732-0077／7:30-21:30, Takeout 10:30-21:00
Map5 (P.169)

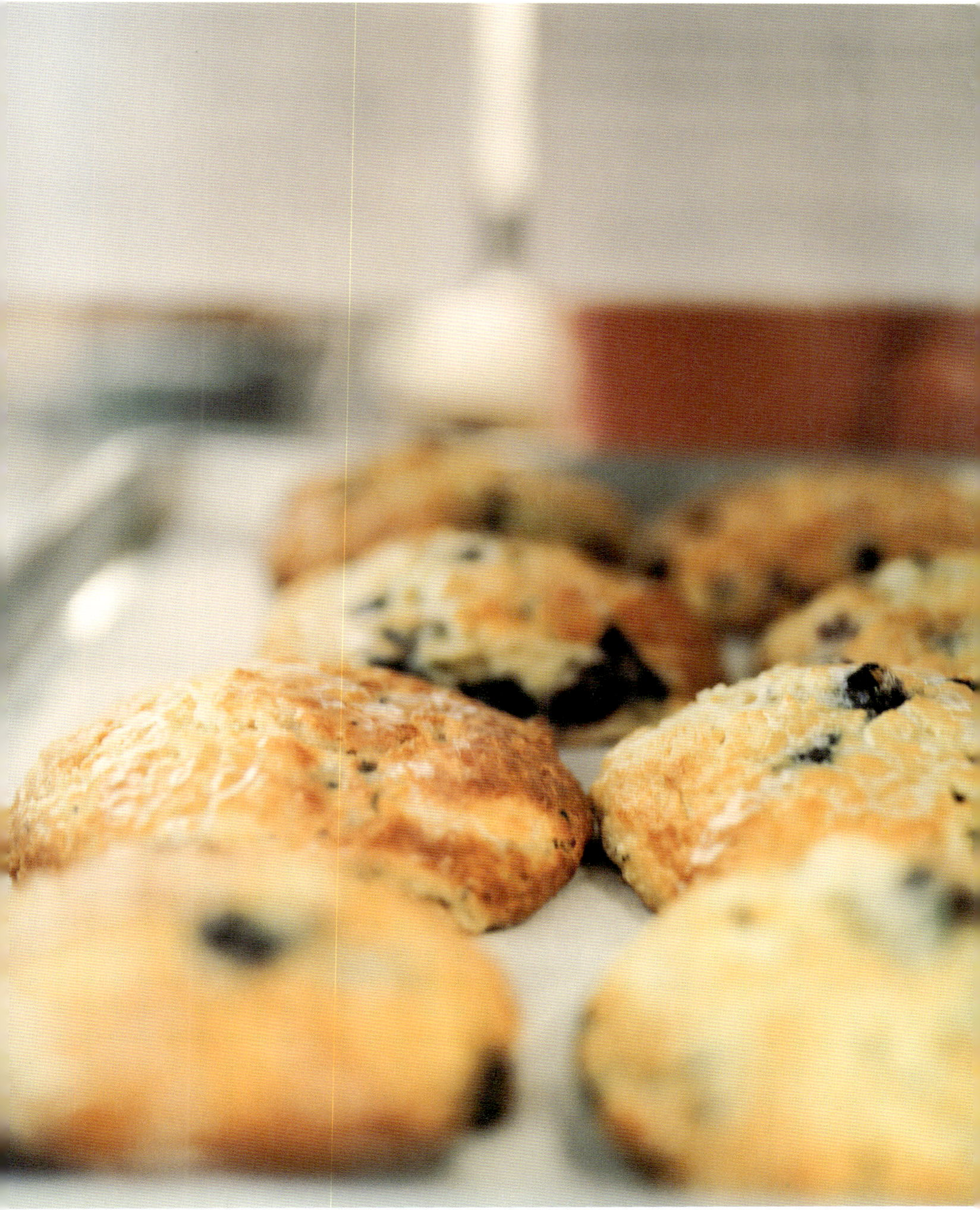

54 | アンティーク2

Ⓐ　カイルアの街に行くのには、いくつか理由がある。ひとつはダンナにつき合ってレコードショップに行くため、もうひとつは海に行くため、そして、そのすぐ近くのお店でサンドイッチとコーヒー豆を買うため。さらに、もうひとつがここ「アリーアンティークオブカイルア」に立ち寄るためだ。

　オープンして20年というこの店には、1920年代のハワイ王朝のものが充実している。ハワイ王朝好きの私にとっては、黄色くなったガラスケースに詰め込まれた(きちんと並べてなんかいない)お宝を眺めるだけでも、それはそれは愉しい時間なのだ。断っておくが、王朝のものだけが置かれているマニアックな店というわけではない。ちゃんとハワイアナと呼ばれる品々が店の奥の奥までぎっしりと詰め込まれている。整理されているという言葉からはほど遠い布や本、トレー、キーホルダーなどをひとつひとつひっくり返しては、もとの場所に戻し、また、奥へと進む。これを訪れるたびにひとしきり繰り返す。何もないときもあれば、これぞと思うものに出合うときもときどき……、ほんのときどきだけれどある。

　店の主人につたない英語で話しかけるとニコニコしながら、これは何年のもので、どこから出てきたものとか、これはほかではなかなか見かけないものだよ、といったことをうれしげに話し続ける。ほんと、それじゃあとこちらから挨拶しない限り、話はずっと続く。それはよく行くアラモアナにあるアンティークショップ「アンティー

クアリー」のご主人も同じ。このおじさんは風貌も話もいつもおもしろいし、いろいろ話していると奥からごそごそと、いくつかものを出してきてくれたりもする。そこに意外と掘り出しものがあったりするから、これまたなかなか帰れなくなってしまう。ここにもチャーリーの店同様、奥さんがいて、古い布のことなどをたずねると最初は無愛想だけれど、だんだん冗談を言ったりしながら、いろいろケースの中を見せてくれる。私はこの奥さんが見せてくれるもののなかから、何かしら購入するケースが多い。かわいい布や人形をいっぱい持っているから。そして、こんなふうに人のよさに触れられることが何よりうれしい。だから、何も見つからなくても、この笑顔とイマイチわからない（英語が達者ではないので）、彼らの話を聞きにわざわざ行くのが実のところ一番の愉しみだったりしている。

* Ali'i Antiques of Kailuaのすぐ近くには、
　チャーリーの奥さん・リンダがやっているアンティークドールなどを中心に扱うショップもあり。
　そこも迷路のようにものがどっさり積まれていて、かなり愉しめる。

Ali'i Antiques of Kailua
21 Maluniu Avenue, Kailua／808-261-1705／10：30-16：30／Sun closed／Map3（P.165）

Antique Alley
1347 Kapiolani Blvd., Honolulu／808-941-8551／11：30-17：00／Sun closed／Map4（P.167）

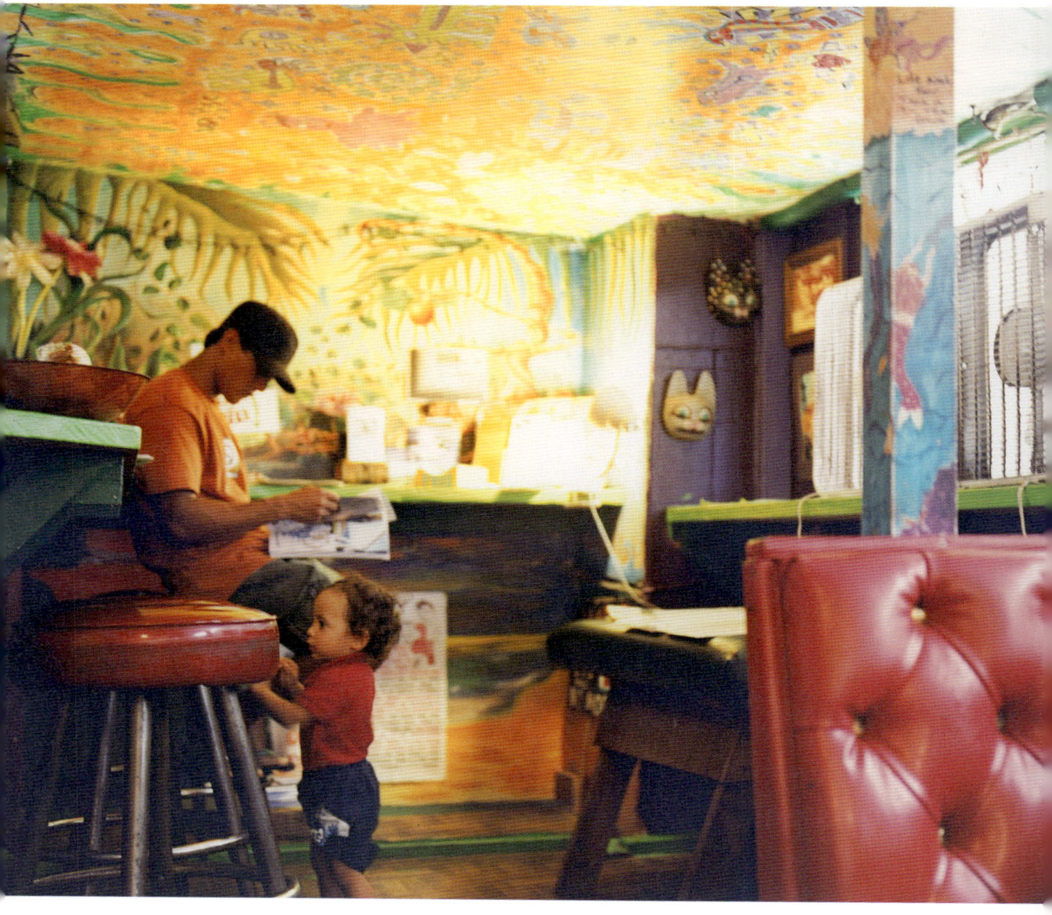

55 | ノースショアのカフェのジャンバラヤ

(M) 僕はハワイにいるとき、ほとんどが仕事をしているか、波乗りをしているかで、たまにジムに行ったり、というライフスタイルを送っている。なんか自分で、かっこいいこと言ってるかな？ と思うけど、早い話、友達が少なく、自分ひとりでやれることをやってる地味な人間なんだということなんです。僕の話のなかに波乗りについての話題が多いのはそのせいで、波乗りの帰りにちょっと冒険したりロケハンしたりして、おもしろいものや場所を見つけることが多い。

　このお店も、波乗りの後ふらっと立ち寄って、ここは当たりだ！ と思えた場所。店に入ると、まず小さな自然食品屋があって、その奥がカフェになっている。その雰囲気にまずやられてしまった。カフェの部分全体はすごくポップな色使いをしていて、印象としてはオーナーが手作りしたという感じ。さらに気に入ったのが、料理やドリンクの量。結構もりもりに盛りつけてて、たとえそれがオーガニックとか健康食品であっても、とりすぎで逆に太っちゃうよ！ という勢い。特にお気に入りのジャンバラヤ（$7.95）も、野菜がいっぱいで、半端な量じゃない。でも、日本のファミリーレストランでしかジャンバラヤを食べたことのなかった僕にとってそれは、本当においしいジャンバラヤだった。今でもひとり、地味に通ってる。

Paradise Found Café
66-483 Kamehameha Highway, Haleiwa／808-637-4540／Mon-Sat 9:00-17:00, Sun 9:00-16:00／Map1 (P.164)

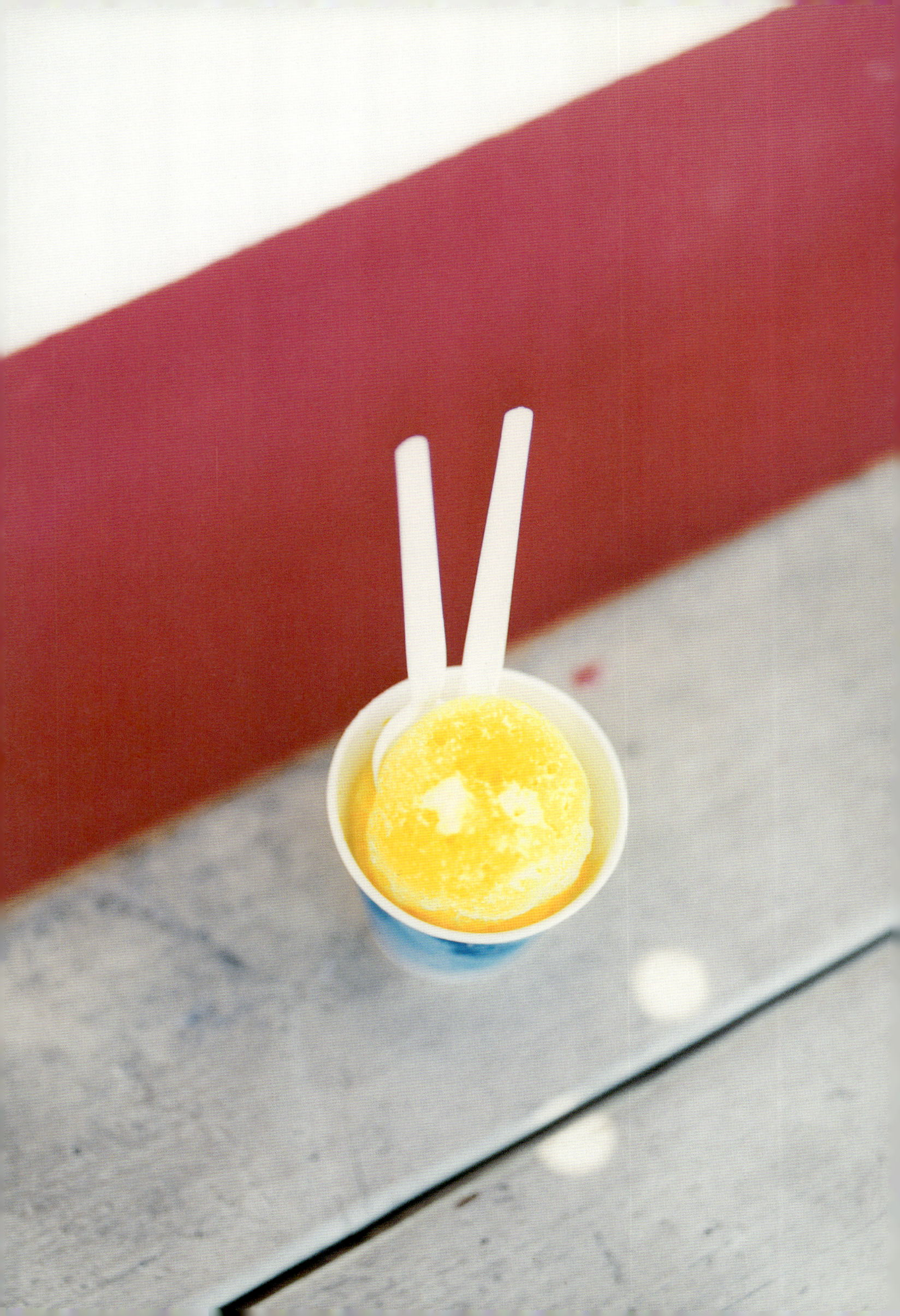

56 | リリコイ

　すごいこじつけだけれど、「リリ」という響きに弱いのかもしれない。パッションフルーツのことをハワイでは「リリコイ」と呼ぶことを知ったのは、つい最近のこと。それまでは何も考えずに食べたり、飲んだりしていた。

　ロングスドラッグスやフードパントリー、ABCストアなどでよく見かける「Hawaiian Sun」のリリコイジュースが好きで、日本ではほとんどジュースを飲まない私も、ハワイに滞在している間は驚くほどこのジュースをグビグビ飲む（ちなみにグアヴァやオレンジなどは日本でも手に入るのだが、なぜかリリコイだけは見つからない。できれば誰か輸入してほしい！）。水分といえば、これかスターバックスのコーヒー牛乳かビールを飲んでいるんだから、考えただけでもすごいカロリーなのがわかる。う〜ん、恐ろしい。

　さてこのリリコイなるもの、フルーツそのものを食べるとなると残念ながらそれほどおいしいものとは思えない。が、ジュースやジャム、シロップになると急にそのおいしさを発揮する。カパフル通りからほんの少し右に入ったところにある「ワイオラシェイブアイス」のリリコイのシェイブアイスはその代表！　ちょうど、アンティークショップ「ベイリーズアンティークス＆アロハシャツ」（P.120）の近くにあるので、ちょっと立ち寄っては、1個買ってダンナと取り合いながら食べる。シャリシャリとしすぎない食感は日本の繊細な部類に属するカキ氷に近い感じ。

しかもこの氷の質感に甘酸っぱく喉を通りすぎる、リリコイはよく似合う。作られた味ではない、天然のおいしさなのだ、きっと。
　リリコイについてしつこく話していたら、マコトが教えてくれたおいしいものが「Aunty Lilikoi」のフルーツシロップ。どろんと固まりになったリリコイが入っている豪快なシロップは、水やソーダ水で割って飲むと、これまたうまい。カウアイ島の小さな工房で手作りされているらしい。いつかここにも行ってみたいなと思う。きっと甘酸っぱい香りが工房の中をいっぱいにしていて、みんなそのいい香りに包まれながらハッピーに仕事をしているに違いない。そんな幸せな妄想が膨らむほどの"おいしい"を生み出す場所。あぁ、本当に行ってみたい。

　最後にもうひとつ。KCCファーマーズマーケットではすっかりおなじみのジャムやフルーツバターを売るブースにて見つけたリリコイ・バター。「Island Preserve」というところのもので、もちろん、100% made in Hawaii。クラッカーにのせたり、カリカリに焼いたトーストにのせたり。パンケーキにどかっとのせて食べている。甘酸っぱいおいしさにバターのコク。考えただけで幸せな気分になれる。

Waiola Shaveice
525 Kapahulu Avenue, Honolulu／808 - 735 - 8886
Tue-Fri 11：00 - 18：30, Sat 7:30-18:30,
Sun 10:00-18:30／Mon closed ／Map5 (P.169)

Longs Drugs＞P.14

KCC Farmer's Market＞P.24

THE MADE IN HAWAII STORE
www.madeinhawaiistore.com
Distributed by A.I.R. INC
Aiea, Hawaii 96701
Phone: (808) 488-4426
The Island Preserve logo is a Hawaiian Quilt pattern of our native Ohelo Berry. It represents our goal of sharing Aloha by preserving the food and traditions of Hawaii.
Island PRESERVE
Cream Cheese with Liliko'i
(Passion Fruit)
NET WT 6 OZ. (170 G)
MADE IN HAWAII FOODS
www.madeinhawaiifoods.com
Distributed by A.I.R. INC
Pearl City, HI 96782
Phone: (808) 488-4426
The Island Preserve logo is a Hawaiian Quilt pattern of our native Ohelo Berry. It represents our goal of sharing Aloha by preserving the food and traditions of Hawaii.
Island PRESERVE
Liliko'i Butter
(Passion Fruit Curd)
NET WT. 7 OZ. (198 G)

YES WE'RE
Coca-Cola
HAMBURGER
DOUBLE HAM
CHEESEBURGER
TERIBURGER
FISHBURGER
HELP
WANTED

57 | マカハのアイスクリーム屋さん

Ⓜ マカハというエリアは、一般的には、治安が悪い地区という印象が強いみたいだけど、それは特定のエリアのことで、全体的には思ったほど治安が悪いというわけではない。ただ、もちろん、ほかのエリアに比べれば、置引や車上荒らしなどが頻繁に行われているようだが、どちらかというと軽犯罪が多い感じ。かなり昔、マカハのはずれでたくさんの友達と一緒にサーフィンをした後、そこでバーベキューをしようということで、道具と食材を一式持って出かけたことがあった。海から上がって、さあ、バーベキューの準備をしようと思ったら、食材だけがひと通り盗まれていた。食材だけが……。当時の僕らの常識では、食材を盗むということはありえないと思っていたのだが……。と、そんな犯罪は実際あるが……。

　今回、このアイスクリーム屋さんを紹介したかったのは、そのアイスクリームが特別おいしいとか、ほかに目玉になるものがあるとかではなく、単純にこのアイスクリーム屋さんの外壁の色合いが好きだからなのだ。実際、この場所は何度もロケに使わせてもらったりしている。普通に大通りに面している小さなアイスクリーム屋さんだけど、パステルカラーの青やピンクや黄色が、妙にハワイの青にマッチしていて、なおかつ、この色がその通りのちょっとしたスパイスになっている。こういう主役じゃない、そして街に溶け込んでるけど、改めて見るとかわいく見えるものが、ハワイにはたくさんある。

Waianae Drive In
85-859 Farrington Highway, Waianae／808-696-6734／10:00-17:45／Map1 (P.164)
※ある日、行ってみたら、違うお店になっていました…。

58 | 日々のランチ

Ⓐ 毎日、いろんなところに食べにいった。ハワイには安くておいしいところがたくさんある。さまざまな国の人たちが暮らしているおかげか、中華料理でもベトナム料理でもタイ料理でも、何を食べてもそこにはちゃんとエキスパートがいて、おいしいのだ。ん〜、すばらしい。

Waianae Ice House
85-371 Farrington Highway, Waianae
808-696-6685／4：30-18：00
Map1 (P.164)

西の果て。Waianaeのビーチは、深く碧い海と真っ白な砂浜とのコントラストがなんとも美しいところ。マコトによると、いつもは砂浜からもイルカが見えるらしい。東のビーチとはまた少し違った雰囲気だ。Waianaeのヨットハーバーにある給食室のような食堂（?）で早めのランチをとる。ポキとビーフシチュー、ライス2個、リリコイジュース（しめて$9.32）を3人で分け合う。ポキは今までハワイで食べたなかで一番と言っても過言ではないおいしさだった。聞けば、唐辛子、リムという海草、ねぎ、ごま油、塩をマグロのぶつ切りとざっと合わせただけだという。お店のお姉さんたちの、のんびりしすぎな感じもよかったなぁ。

Hata Restaurant
1742 South King Street, Honolulu／808-941-2686
10：30-14：15, 17：00-20：45／Map4 (P.167)

いくらハワイ好きといえども、ときには和食が恋しくなる。ここはマコトのお気に入り。ごはんも白米と麦とが選べる（すごいでしょ!）。店の名前は「ハタレストラン」。ふたりのおばあちゃんが切り盛りしている。お昼どきになると7つくらいあるテーブルはすぐにいっぱいになる。けれどもおばあちゃんたちは焦らない。ゆっくりと歩き、お客さんとしゃべり、お茶がなくなるとどんなに忙しくても「はい、おかわりね」と言って注ぎに来てくれる。その間合いがなんともいい。この日食べたのは、納豆と冷奴、ごはん、みそ汁、白身魚のフライの定食。サービスだよと言って、おからもつけてくれた（喜）。

ホノルル動物園とカピオラニ公園の間を抜ける、モンサラット通りにある「ボガーズカフェ」はランチどきというよりは、どちらかというと、朝、混んでいるお店。ちょっとしょっぱいくらいのスモークサーモンとクリームチーズを惜しげもなくぬったスタンダードなベーグルサンドとピーナッツバターをぬったシンプルなベーグル、それにコーヒーをオーダー。ピーナッツバターの甘じょっぱさとコーヒーの組み合わせが絶妙のあんばいだった。

Bogart's Cafe
3045 Monsarrat Avenue, Honolulu／808-739-0999
Mon-Fri 6:00-19:00, Sat-Sun 6:00-18:00
Map5 (P.169)

キッチンつきの部屋に滞在すると、ごくたまにだけれど、ごはんを作る。今日は野菜をいっぱいというカメラマンのおりえちゃんのリクエストにお応えして、香菜サラダとトマトパスタ、シンプルミニトマト(単にそのままってこと)、インゲンのガーリックドレッシング和えでランチ。野菜はすべてさっきカピオラニ公園でやっていた小さなファーマーズマーケットで購入してきたもの。テラスにテーブルとイスをセットし、おりえちゃんとマコトと食べる。塩の具合がイマイチで味つけが濃かった。みんな、ごめん。

そのほかにもいっぱい食べた。どれもこれもおいしかったし、幸せだった。

Aloha Map

Map-**1** | オアフ島全域

この本では、
8つの島からなるハワイ諸島のうち、
オアフ島のスポットを紹介しています。
オアフ島内の主な観光地へは
バスやトローリーで移動できますが、
ホノルル以外のエリアへは
タクシーやレンタカーがおすすめです。

＊本書のマップは、
　細い路地などを割愛した簡略図です。
　縮尺率はマップにより異なります。

＊通り名は、以下の略語を使用しています。
　Blvd.=boulevard
　Ave.=avenue
　St.=street
　Rd.=road
　Hwy.=highway
　Fwy.=freeway

Turtles' Spot
カメスポット

Paradise Found Café 55
パラダイスファウンドカフェ

Mokuleia Beach
HALE
WAIALUA

Wai'anae Mountains

Yokohama Bay

Makaha Beach
MAKAHA

Waianae Ice House 58
ワイアナエアイスハウス

57 **Waianae Driv**
ワイアナエドライブ
WAI'ANAE

NANAKUL

Kaonobi
Pearl Country Club
Moanalua Rd.
30 42 **Kam Super Swap Meet**
カムスーパースワップミート
PARLRIDGE
H-1
Pearlridge Shopping Center
Kamehameha Hwy.
Parl Harbor

Map-**2** | パールリッジ

52 Romy's Kahuku Prawns & Shrimp Hut
ローミーズカフクプローンズ＆シュリンプハット

Turtle Bay Resort

KAHUKU

unset each

LAIE

• Polynesian Cultural Center

Kalapawai Market 23
カラパワイマーケット

Kailua Beach

Kailua Shopping Center

54 Ali'i Antiques of Kailua
アリイアンティークスオブカイルア

Mid-Pacific Country Club

KAILUA

Drainage Canal

Keolu Dr.

Map-3 | カイルア

Kaelepulu Dr.

South Kalaheo Ave.

Kawailoa Rd.

Kailua Rd.

Oneawa Rd.

Hamakua Dr.

Maluniu Ave.

IMEA

Café Haleiwa
カフェハレイワ

K o 'o l a u   R a n g e

Kamehameha Hwy.

Dole Plantation

WAHIAWA

H-2

MILILANI TOWN

H-2

WAIPAHU

H-1

PEARL CITY
Map-2
パールリッジ

99

Pearl Harbor

H-1

H-3

KANE'OHE

Kahekili Hwy.

830

Likelike Hwy.

Pali Hwy.

61

KAILUA

Kailua Rd.

Map-3
カイルア

Kailua Beach

76

Fort Weaver Rd.

EWA

Ewa Beach

78

Kamehameha Hwy.

Honolulu International Airport

Map-4
ダウンタウン周辺

Aloha Tower

92

H-1

HONOLULU

Map-5
ワイキキ周辺

Kalakaua Ave.

WAIKIKI

Diamond Head

KAHALA

72

Kalanianaole Hwy.

MAUNALUA

• Sea Life Park Hawaii

Sandy Beach

Hanauma Bay

165

Map-4 ｜ダウンタウン周辺

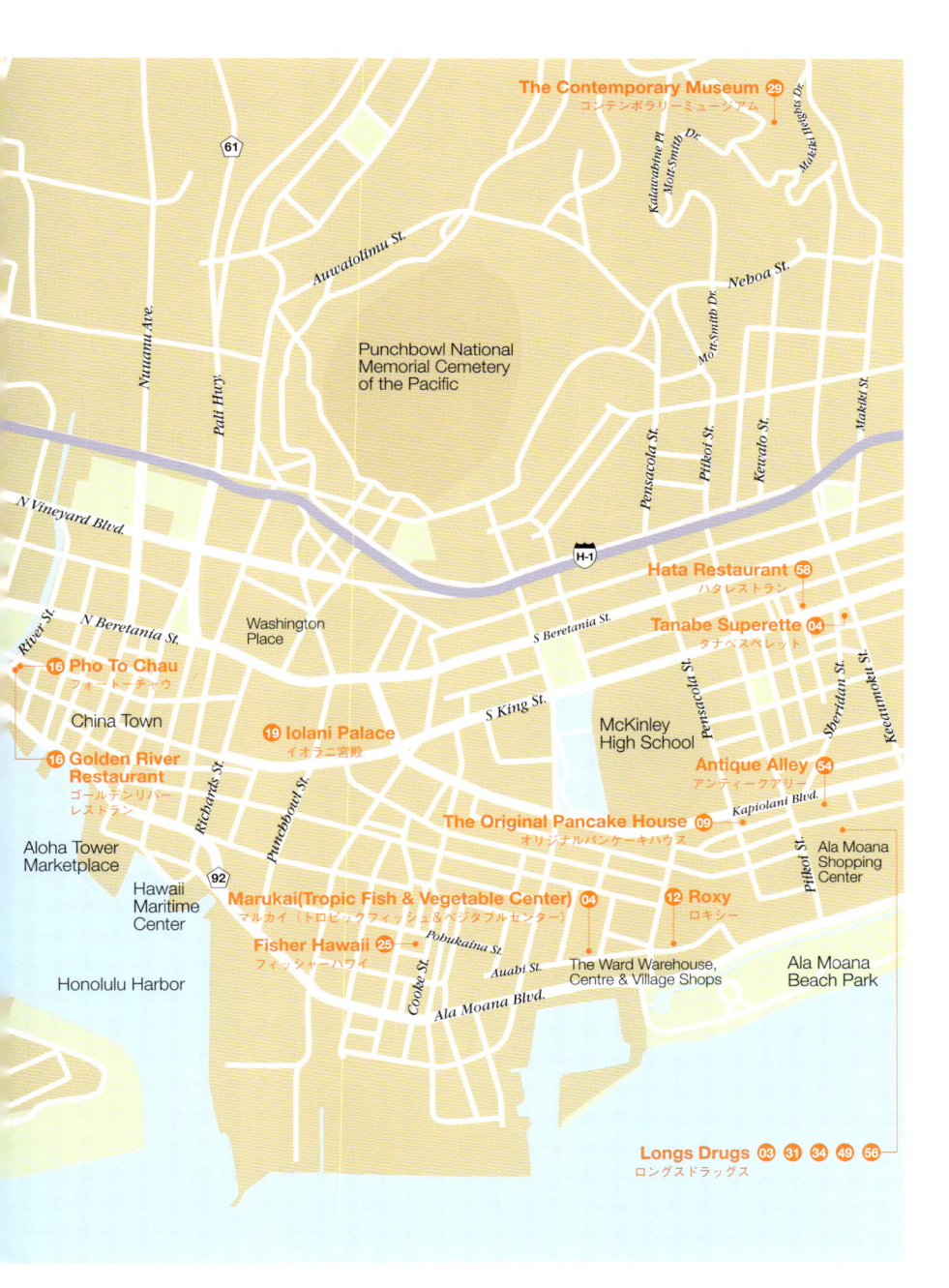

Map of Honolulu

Streets and Highways:
- (61) Pali Hwy.
- Nuuanu Ave.
- Auwaiolimu St.
- Kalawahine Pl.
- Mott-Smith Dr.
- Makiki Heights Dr.
- Nehoa St.
- Pensacola St.
- Piikoi St.
- Kewalo St.
- Makiki St.
- N Vineyard Blvd.
- River St.
- N Beretania St.
- S Beretania St.
- S King St.
- Sheridan St.
- Keeaumoku St.
- (H-1)
- Richards St.
- Punchbowl St.
- Kapiolani Blvd.
- (92)
- Pohukaina St.
- Cooke St.
- Auahi St.
- Ala Moana Blvd.

Landmarks:
- The Contemporary Museum ㉙ コンテンポラリーミュージアム
- Punchbowl National Memorial Cemetery of the Pacific
- Washington Place
- Hata Restaurant ㊽ ハタレストラン
- Tanabe Superette ④ タナベスペレット
- ⑯ Pho To Chau フォートーチャウ
- China Town
- ⑲ Iolani Palace イオラニ宮殿
- McKinley High School
- ⑯ Golden River Restaurant ゴールデンリバーレストラン
- Antique Alley ㊄ アンティークアリー
- Aloha Tower Marketplace
- The Original Pancake House ⑨ オリジナルパンケーキハウス
- Ala Moana Shopping Center
- Hawaii Maritime Center
- Marukai (Tropic Fish & Vegetable Center) ④ マルカイ（トロピックフィッシュ＆ベジタブルセンター）
- ⑫ Roxy ロキシー
- Fisher Hawaii ㉕ フィッシャーハワイ
- The Ward Warehouse, Centre & Village Shops
- Ala Moana Beach Park
- Honolulu Harbor
- Longs Drugs ③ ㉛ ㉞ ㊾ ㊻ ロングスドラッグス

167

Map-5 | ワイキキ周辺

University of Hawaii

Foodland 50
フードランド

46 **Down to Earth**
ダウントゥアース

S King St.

14 **Kiawe Grill BBQ & Burgers**
キアヴェグリルバーベキュー＆バーガーズ

S Beretania St.
S King St.
Isenberg St.

04 **Adams Enterprise**
アダムスエンタープライズ

Waiola St.
Kalakaua Ave.
McCully St.
Pumehana St.
Kapiolani Blvd.
Date St.

43 **Marqet**
マーケット

Ala Wai

21 **Jack in the Box**
ジャックインザボックス

40 **Island Treasure Antique Mall**
アイランドトレジャーアンティークモール

Ala Wai Canal

Hawaii Convention Center

04 **Seven-Eleven**
セブンイレブン

48 **Eggs'n Things**
エッグスンシングス

Kuhio Ave.

48 **The Compleat Kitchen**
コンプリートキッチン

Ala Moana Shopping Center

05 **Wailana Coffee House**
ワイラナコーヒーハウス

International Market Place

07 **Mariposa**
マリポサ

Ala Moana Blvd.

Hawaiiana Hotel 22
ハワイアナホテル

Royal Hawaiian Shopping Center

Waikiki Beach

Beach Walk
Kalia Rd.

Sheraton Waikiki

Duke Kahanamoku Beach

Catamaran 15
カタマランヨット

Loco Boutique 12
ロコブティック

Terrace Grill 01 02
テラスグリル

Hyatt Regency Waikiki Resort & Spa 33
ハイアットリージェンシーワイキキリゾート＆スパ

Billabong Hyatt Waikiki
ビラボンハイアットワイキキ

168

- ㊲ **Town**
  タウン
- ⑰ **Leonard's Bakery**
  レナーズベーカリー
- ⓸ **Tesoro (KIOSK)**
  テソロ（キヨスク）
- ㊳ **Ono Hawaiian Foods**
  オノハワイアンフード
- ⓸ **Fort Ruger Market**
  フォートラガーマーケット
- ⓺ ⑩ ㊽ **KCC Farmer's Market**
  ケーシーシーファーマーズマーケット
- ㊽ **Waiola Shaveice**
  ワイオラシェイブアイス
- ㊷ **Bailey's Antiques & Aloha Shirts**
  ベイリーズアンティークス＆アロハシャツ
- ⓸ ㊼ **Diamond Head Market & Grill**
  ダイヤモンドヘッドマーケット＆グリル
- ⓼ ⑩ ⑰ ⑳ ㊴ ㊺ ㊽ **Food Pantry**
  フードパントリー
- ㊷ **Bogart's Café**
  ボガーズカフェ
- ㊷ **Honolulu Zoo**
  ホノルル動物園
- ⑱ **Diamond Head**
  ダイヤモンドヘッド
- ⑬ **McDonald's**
  マクドナルド
- ㉘ **Diamond Head Beach**
  ダイヤモンドヘッドビーチ
- ⓸ **Scoop du Jour**
  スクープドゥジュール
- ㊹ **The New Otani Kaimana Beach Hotel**
  ニューオータニカイマナビーチホテル

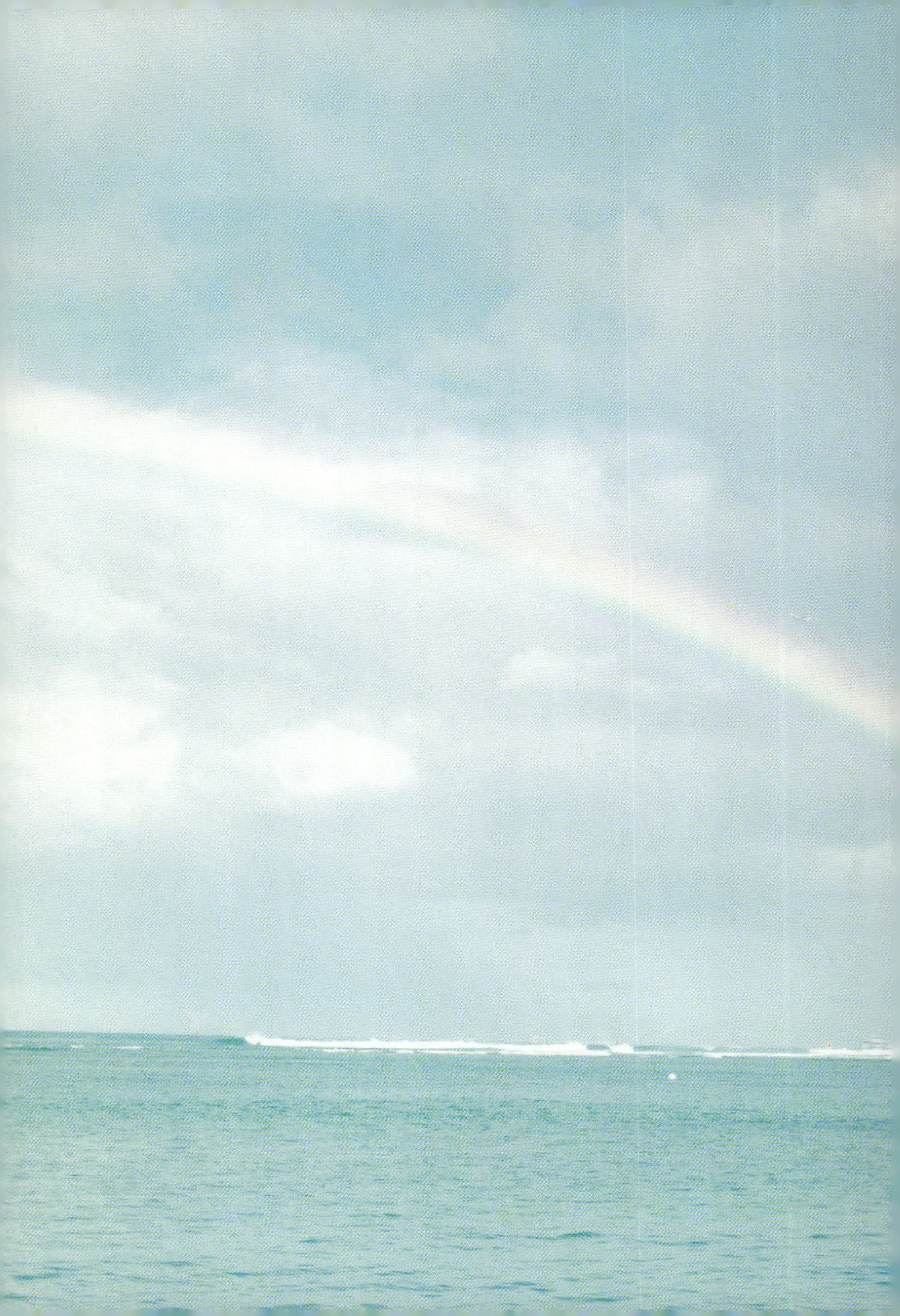

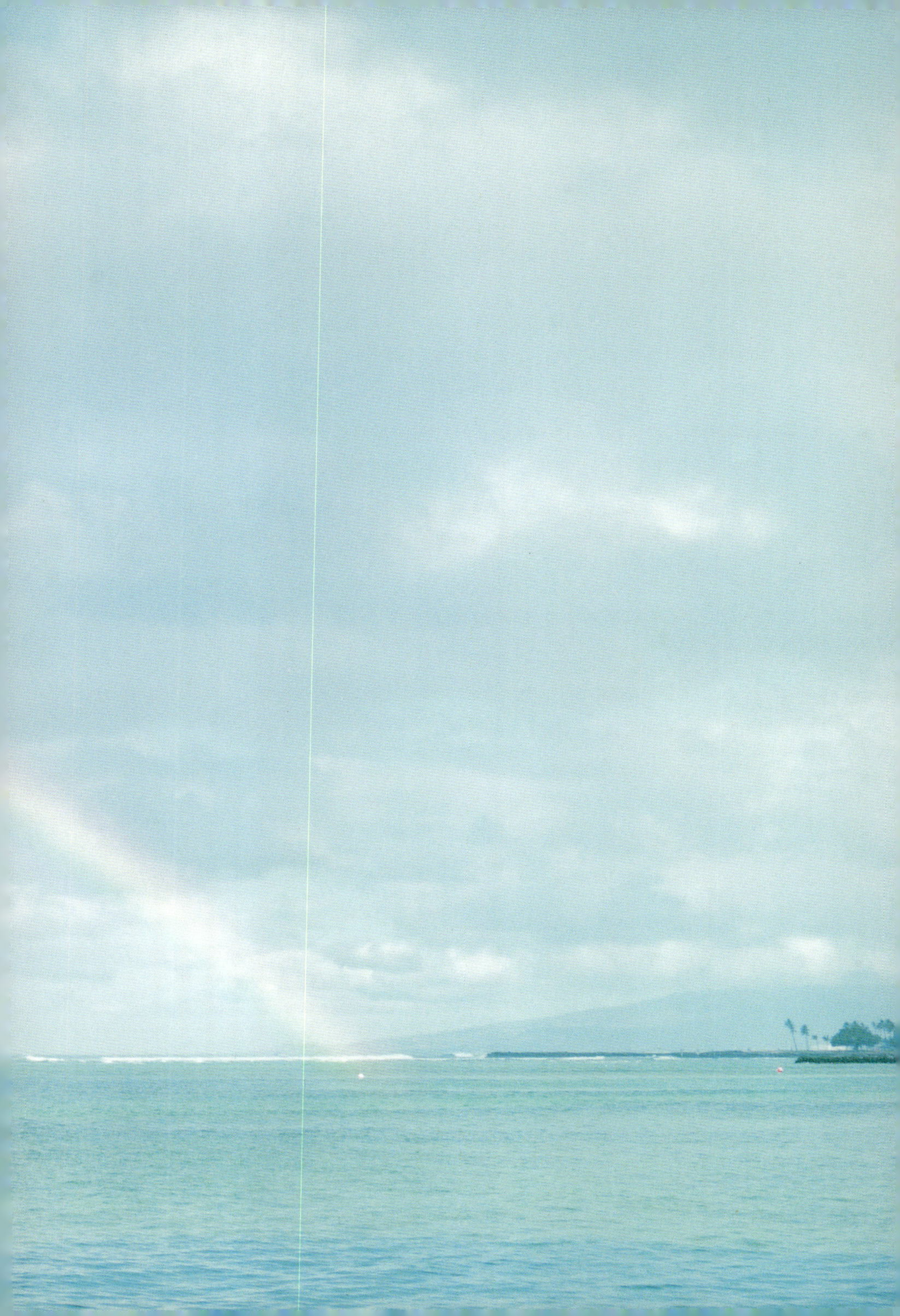

おわりに

Ⓐ「ハワイの本を作りましょう！　もっとその話を聞いてみたくなりました」。友人の結婚式でハワイに出かけたという編集の久保万紀恵さんにしつこくハワイの話をしまくっていたときのことです。久保さんは、いいこと思いついた！とでもいうふうに「ハワイの本を作りましょう」と言ってくださいました。そうして、その言葉からこの本はスタートしたのです。

ぜいたくにも、ほぼ3週間、カメラマンの市橋織江さんとコーディネーターのマコト、編集の久保さん（久保さんは別の仕事があるので先に帰りましたが）、私の4人でオアフ島をぐるぐると旅するように取材をしてきました。

ハワイの本を作るなら、理屈抜きに気持ちいいと思える写真とともにまとめたいというマコトと私の意見に、快く引き受けてくださったカメラマンの市橋織江さん。私のハワイ好きを誰よりも理解し、キュートにデザインしてくれたデザイナーの茂木隆行さん、この本を作るきっかけと力をくれた編集の久保万紀恵さん、そしてハワイの愉しさを教えてくれた友人であり、共著としてのパートナーでもある、内野亮さんに心から感謝！　です。それから、快く取材に協力してくださったアロハな皆さんにも、深く深く感謝すると同時に、お礼申し上げます。

＊最後になりましたが、私の勝手な行動を許してくれた夫にも小さく感謝。ありがとう。

Ⓜ「コーディネーター」という職業柄、ちょっぴり皆さんより多くのハワイを見させてもらっているんですが、ハワイってなかなか奥深いなーっていつも思います。なんかいつも勉強させてもらっています。そしてその根底にあるものはいったい何だろう？　とずーっと考えていました。もちろん、それは買い物三昧であったり、自然にふれ合う喜びであったり、ハワイそのものの文化であったり、そこに住む魅力的な人たちだったり、人それぞれだと思ってきましたが、それ以前に「何か」があるように感じていたのです。そして、それを伝えることができる本があったら、本当のハワイのガイドブックになるのにと思っていたのです。

　そんな折、アカザワさんから「ハワイの本、作るわよ！」と言われました。僕は、人に流されやすい性格なので、「うん、わかった」と流れに身を任す心の準備をしたわけです。そして、その流れに乗りました。そうしたら、その「何か」を伝えることができる人たちに出会うことができました。よかったです……。

　そう、この本を制作するにあたって感じた、その「何か」というのは、単体ひとつひとつではなかったんです。それがある環境、場所、携わっているもの、時間、そのすべてがうまい調和を保っていることが、その「何か」なんだと気づいていったのです。そしてこの本は、そのバランスを一緒に作ったみんなの力によって出せたのでは？　と思います。

　最後に、ぜんぜんろくでもないただの地味な野郎で、しかも「コーディネーター」という裏方の仕事の僕を、ちょっぴり表に引っ張り出してくださったスタッフの皆さんに超感謝です！　ありがとうございました！　その上、この本を見て、買ってくださっちゃった方にはもっともっと感謝です！　本当にありがとうございました！　アロハッす！

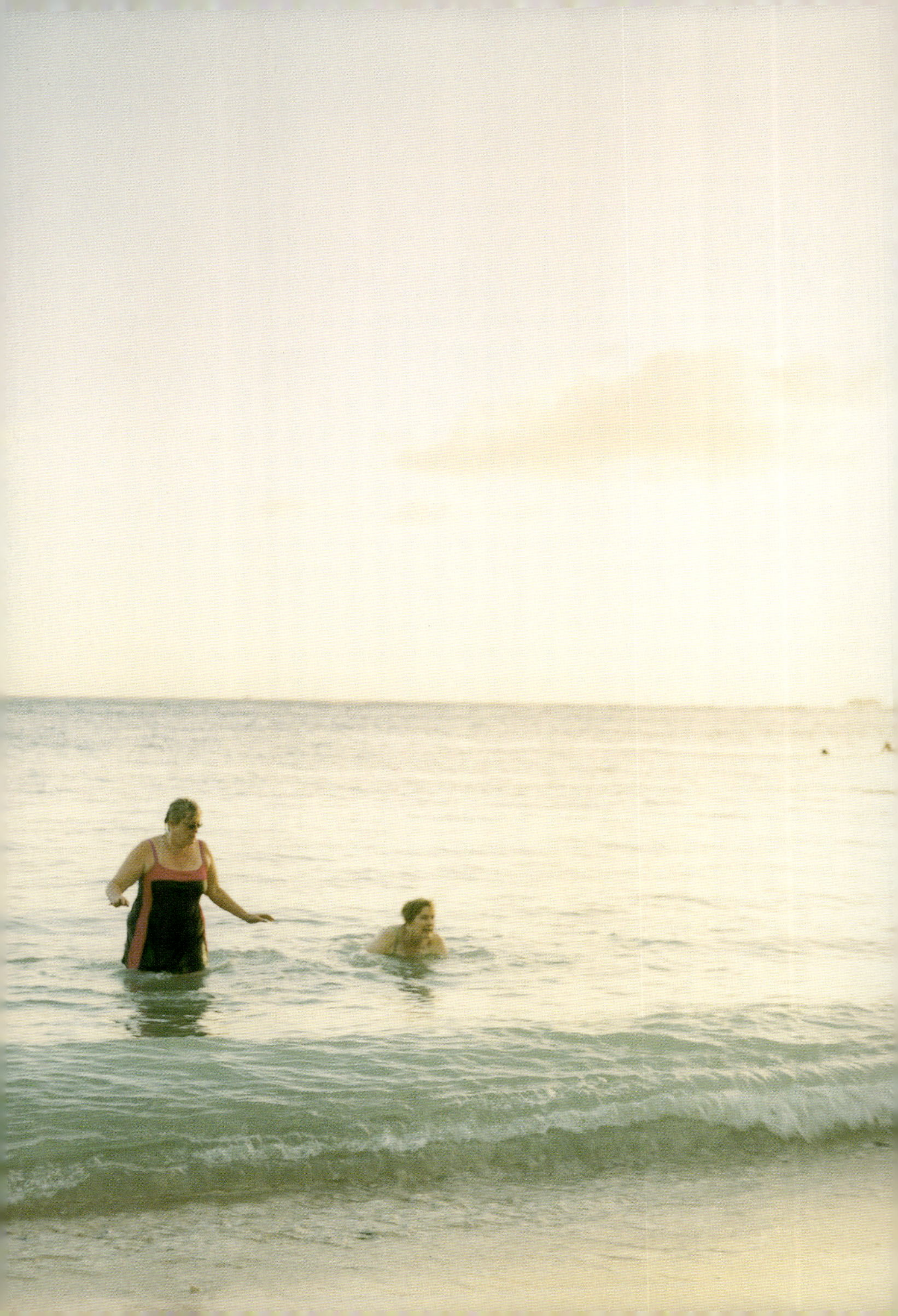

Until we

meet again

Hawaii.

赤澤かおり（あかざわ・かおり）
出版社にて雑誌、書籍の編集を経てフリーの編集者に。
暮らしまわりのことや旅を中心に執筆するほか、
根本きこさん、いがらしろみさんなどの料理やお菓子の本も手がける。
年に3〜4回は出かけるというほどのハワイ好きで、年々ハワイ通ぶりに磨きをかけている。
著書に『くらしのなかの日用品』（メディアファクトリー）、
共著に『Hawaii Book Aloha from Big Island & Oahu』（枻出版社）がある。

内野亮（うちの・まこと）
大学からハワイに移り住み、ハワイと日本を行き来する生活を含め、今年で23年目。
ハワイ及びアメリカ国内で、主に女性誌、情報誌、専門誌等の雑誌取材＆撮影をメインにしつつ、
写真集、テレビ取材など、幅広くコーディネーション業務を行っている。
共著に『Hawaii Book Aloha from Big Island & Oahu』（枻出版社）がある。

Aloha Book
ハワイの行くとこ、見るとこ、食べるとこ

発行日　2007年3月6日　第1刷
　　　　2010年5月27日　第5刷

著者　赤澤かおり／内野 亮
撮影　市橋織江
ブックデザイン　茂木隆行
イラスト　原田ゆき子
マップ　安田由紀子
プリンティングディレクション
　　　森田 洋（シナノ書籍印刷）
編集　久保万紀恵

取材協力
ハイアットリージェンシーワイキキ・
　リゾート＆スパ
ハワイアナホテル
アクシィコーディネーションサービス
マイケル・ピリ・パン

発行者　藤井一比古
発行所　株式会社 六耀社
　　　　　〒160-0022
　　　　　東京都新宿区新宿2-19-12
　　　　　静岡銀行ビル5F
　　　　　TEL 03-3354-4020
　　　　　FAX 03-3352-3106
振替　00120-5-58856
　　　　http://www.rikuyosha.co.jp
印刷・製本　株式会社 シナノ書籍印刷

©2007 Akazawa Kaori
©2007 Uchino Makoto
©2007 Rikuyosha Co., Ltd.

Printed in Japan
ISBN978-4-89737-581-6
無断転載・複写を禁じます。

http://www.rikuyosha.co.jp
この本へのご意見、ご感想などは、
弊社ホームページまでお寄せください。